T0046558

Cuestión de RESPETO

Elogios para
Cuestión de RESPETO

"Es totalmente apropiado que Ed Goeas y Celinda Lake, dos de los principales encuestadores del país y fundadores de la Encuesta Battleground, un proyecto bipartidista que ha sobrevivido y prosperado durante tres décadas de creciente polarización, escriban juntos un libro tan sabio y reflexivo como "Cuestión de Respeto: Unirnos en una Nación Profundamente Dividida". Para Goeas, republicano, y Lake, demócrata, la creciente hostilidad partidista es una presencia constante en el trabajo que realizan para candidatos, grupos de apoyo, partidos políticos y demás clientes. Ambos autores comprenden las fuerzas corrosivas que tanto han debilitado los pilares de la democracia, y juntos han elaborado una estrategia sustantiva para sacar al sistema de una caída en picada hacia el desastre. Este libro proporciona sustento y aliento tanto al experto en política como al votante de a pie cuya fe en la política ha sido duramente puesta a prueba".

Thomas B. Edsall,
Columnista del *New York Times*.

"*Unirnos en una nación profundamente dividida*" es una tarea herculeana: masiva en su alcance y sus expectativas, pero fundamental para la supervivencia de nuestra democracia. ¿Quién mejor para hacer frente a esta amenaza que el equipo formado por Celinda Lake, una mujer inteligente e integra, y Ed Goeas, un hombre de principios y propósitos? Cada uno aporta al lector una perspectiva matizada que suscita debates reflexivos y un llamado a la acción: respetarnos unos a otros. Políticamente, afirma que no hay otra forma de preservar y mantener los Estados Unidos de América. Personalmente, es un guiño a la empatía, el tejido conectivo de nuestra humanidad. Cuando adoptemos la empatía, estaremos en camino de arreglar lo que se ha roto: la confianza en los ideales y valores de Estados Unidos. En efecto, es una Cuestión de Respeto".

Valerie Biden Owens,
Estratega de campaña y autora del éxito de ventas
del *NY Times Growing Up Biden (Creciendo como un Biden).*

"Con más de 30 años trabajando juntos con éxito a pesar de sus diferencias políticas, Ed Goeas y Celinda Lake son las dos personas ideales para explicar no sólo cómo nos hemos metido en este lío, sino cómo podemos salir de él. Sus carreras son un vivo testimonio de la capacidad de las personas con puntos de vista divergentes para prosperar en asociación. Este brillante libro es testimonio del tipo de cosas que la gente puede lograr trabajando unida a pesar de sus diferencias. Ed y Celinda citan el respeto como el ingrediente clave del elixir que puede sanar nuestra fracturada nación. Este libro, oportuno e importante, se ganó mi respeto y estoy segura de que se ganará el tuyo".

Donna Brazile,
Ex presidenta del Comité Nacional Demócrata.

"Ed Goeas no sólo es un encuestador de primera categoría, sino que es muy conocedor de la estrategia, las operaciones y las tácticas. He recurrido a él en muchas oportunidades y no puede ser mejor en su profesión. Su trabajo continuo con Celinda Lake en el Instituto de Política y Servicios Públicos de la Universidad de Georgetown, y la redacción conjunta de este libro, son un testimonio de las grandes cosas que pueden lograrse cuando personas situadas en lados opuestos del espectro político trabajan en colaboración, con reflexión y, lo que es más importante, con respeto. Cuestión de Respeto: Unirnos en una Nación Profundamente Dividida nos recuerda una lección muy importante: que podemos discrepar sin asperezas. Los políticos y las personas de todo el mundo pueden aprender mucho de este libro. La instrucción sobre civismo no puede ser más importante, ahora más que nunca".

Gobernador Haley Barbour,
Gobernador de Mississippi 2004-2012,
expresidente del Comité Nacional Republicano.

"Según se contó y se volvió a contar en la Cámara de Representantes, Franklin salía del Independence Hall tras la Convención Constitucional de 1787 cuando alguien gritó: "Doctor, ¿qué tenemos, una República o una Monarquía?", a lo que Franklin supuestamente respondió: "Una República, si podéis mantenerla". En este nuevo libro de fácil lectura, Cuestión de Respeto, los conocidos encuestadores bipartidistas Celinda Lake y Ed Goeas reflexionan sobre las fracturas de la sociedad actual, las causas y los efectos de nuestra desestructurada situación política y de gobierno, y las medidas necesarias para preservar este experimento de autogobierno conocido como la República Americana. Rico en contenido, este es un libro cuya lectura resulta obligatoria; es oportuno e importante para cualquiera que valore la libertad y anhele un panorama político y cultural libre de la peligrosa acritud actual."

Zach Wamp,
Congresista 1995-2011

"Muchos de nosotros, tanto veteranos del Capitolio y novicios políticos, anhelamos una gobernanza más reflexiva y eficaz para nuestra democracia. Ahora llega un plano para superar el profundo bloqueo partidista que afecta actualmente nuestro panorama político nacional, estatal y local. Basándose en sus décadas de experiencia en las urnas y en su colaboración bipartidista, Ed y Celinda proporcionan astutamente el diagnóstico Y prescriben la cura para lo que nos aqueja, y ésta empieza por el respeto. Lleno de anécdotas, datos, experiencias vividas e introspección personal, Cuestión de Respeto inspira y nos da esperanzas de un camino mejor. Me llena el optimismo que brilla en este libro, y estoy deseoso de que nuestra clase política aplique sus lecciones".

James Conzelman,
Presidente/CEO, Ripon Society y Franklin Center for Global Policy Exchange (Centro para el Intercambio Político Global)

"John Kennedy bromeaba diciendo que Washington es una ciudad de eficiencia Sureña y encanto Norteño. Creo que es muy afortunado y alentador que, incluso en este momento de alta tensión política y bajo comportamiento, algunas personas sean capaces de trabajar juntas de manera exitosa por encima de la división partidista. En este extraordinario libro, Cuestión de Respeto, Ed Goeas, republicano, y Celinda Lake, demócrata, compañeros y amigos en las urnas desde hace décadas, utilizan las lecciones aprendidas en su inmersión bipartidista. Tomando la temperatura del público en sus muy respetadas encuestas conjuntas, tienen una capacidad única para diagnosticar nuestras actuales dolencias cívicas y recetar curas".

George F. Will,
Autor y columnista de *The Washington Post*

"Mientras nuestra política y las campañas que la conforman se vuelven cada vez más turbulentas e intensas, nadie mejor para diagnosticar qué está impulsando este fenómeno, y cómo salvar la brecha, que veteranos electorales como Ed y Celinda, quienes hablan con autoridad y pericia sobre la opinión pública porque han dedicado toda su carrera a entenderla. En mi propia experiencia, Ed ha sido un asesor de confianza que no sólo habla de devolver la vida cívica de nuestro país a un estado saludable y vibrante, sino que lo vive. Me faltan palabras para recomendar el marco que él y Celinda proporcionan aquí para enmendar nuestro discurso público".

Senador John Boozman,
Arkansas

"Cualquiera que haya pasado una parte significativa de su vida inmerso en la política estadounidense sabe que el tenor del debate político actual (la crueldad, el desprecio, la ira) ha caído en picada hasta nuevas profundidades. No hay forma de que nuestro país afronte sus mayores retos si demócratas y republicanos están más inclinados a socavarse mutuamente que a resolver juntos los problemas reales. En Cuestión de Respeto, dos personas que conocen a fondo los entresijos de Washington explican qué ha salido mal y cómo podemos enderezar el rumbo. Todos los retos a los que nos enfrentamos hoy como nación dependen de que encontremos primero una solución a este problema. Si quieres entender la dinámica subyacente, lee este libro".

Nancy Jacobson,
CEO y fundadora de No Labels (Sin Etiquetas)
Ayudó a crear el Problem Solvers Caucus

"Nuestra democracia se encuentra en crisis. En un momento en que un número creciente de estadounidenses está perdiendo la fe en el gobierno, la política y los medios de comunicación, Cuestión de Respeto: Unirnos en una Nación Profundamente Dividida ofrece un plan integral para restaurar la confianza en las instituciones que constituyen el tejido mismo de nuestra democracia. Con la experiencia de Ed Goeas y Celinda Lake (dos veteranos de la política que comprenden los matices de los mensajes y los medios de comunicación en nuestra política) este libro ofrece una perspicaz comprensión de cómo hemos llegado a este punto y de algunos de los responsables clave. Históricamente, nuestro país se forjó a base de intensos debates, seguidos de compromisos en aras del bien común. Ed y Celinda relatan los cambios sísmicos que se han producido en nuestra política desde la segunda mitad del siglo XX hasta nuestros días, al tiempo que nos dan esperanzas de que nuestra política puede avanzar hacia un lugar mejor. Ahora más que nunca, este libro es de vital importancia".

Steve Scully,
vicepresidente Senior del Centro de Política Bipartidista
Presentador de "The Briefing" Sirius XM POTUS

"El civismo está desapareciendo más rápido que la selva tropical, y con él se va el respeto, que, una vez desaparecido, deja tanto a la política como a la humanidad indefensa, desnuda y nada menos que bárbara. Este libro expone un plan convincente y no partidista para mantener a raya la barbarie. Ed Goeas es un humanista dotado que, junto con Celinda Lake, ha logrado tender un puente instructivo entre el desconocido mundo analítico de las encuestas políticas y la necesidad de civismo y el deseo de respeto del hombre y la mujer de a pie".

Bianca Goodloe,
Abogada en Derecho del Entretenimiento Profesor adjunto de medios
de comunicación y estudios cinematográficos en la UCLA

"El encuestador y estratega de campaña republicano y la encuestadora demócrata, socios profesionales desde hace mucho tiempo, respetan claramente las diferentes ideologías del otro. En un momento perfecto para nuestro país, y quizás para el mundo en general, Ed y Celinda han escrito conjuntamente Cuestión de RESPETO. Su propósito: "unirnos en una nación profundamente dividida", como reza su subtítulo. Que su sabiduría ayude a anular nuestra insensatez. Le sugiero encarecidamente (bueno, le insto) que lea este libro".

Portavoz John Boehner
2011-2015

"¿Qué tiene que ver el respeto? Todo, sostienen la encuestadora demócrata Celinda Lake y el estratega republicano Ed Goeas en su provocativo nuevo libro. Tras 30 años de colaboración en encuestas entre partidos políticos, analizan qué ha hecho que muchos votantes estadounidenses sean tan cínicos (y vulnerables a los llamamientos antidemocráticos) y cómo se puede llegar a ellos hoy en día. Una lectura esencial en los tiempos de división de nuestra nación".

Susan Page,
Jefa de la Oficina de Washington, USA Today autora de
La Portavoz: Nancy Pelosi y las lecciones del poder

"Cualquiera que quiera entender las divisiones a las que se enfrenta nuestro país estará bien servido con una lectura atenta de Cuestión de Respeto. Individualmente, Celinda y Ed son dos de los encuestadores más inteligentes que hay; juntos nos han proporcionado una hoja de ruta para comprender los factores esenciales que amenazan nuestra democracia y una valiosa herramienta para encaminarnos hacia un futuro más brillante y estable."

María Teresa Kumar
Nominada al Emmy, colaboradora de MSNBC
presidente y CEO de Voto Latino

"El cambio está llegando a Estados Unidos: Algunos se resisten feroz-
mente, otros esperan abrazarlo plenamente. Todos tenemos dudas sobre
lo que nos espera. El rencor y la violencia en nuestro discurso y en nuestros actos enrarecen el ambiente para encontrar consenso. Son tiempos
peligrosos, sin duda. Los autores, Ed Goeas y Celinda Lake, se centran
en cómo hemos llegado hasta aquí y cómo podemos avanzar hacia tiempos mejores. Su amplia formación política y su amplia experiencia en
el análisis de una miríada de retos a los que se enfrentan nuestros legisladores les capacitan para abordar con credibilidad las posibilidades de
una mayor cortesía y un resultado más eficaz en nuestro debate nacional.

Crecí en Nueva Inglaterra en la época de la Segunda Guerra Mundial y principios de la Guerra Fría. La cortesía era la norma; se esperaban buenos modales. Las faltas de respeto eran impensables en nuestra
casa y acababan con una rápida reprimenda. Avancemos rápidamente
hasta principios del siglo XXI: El presidente Obama se presentó con
la promesa de que su administración traería un "cambio fundamental"
a Estados Unidos. En su discurso del Estado de la Unión, identificó
y deploró "la crisis de confianza" de los ciudadanos en el gobierno.
Tenía razón: el cambio y la crisis se han intensificado desde entonces.
Obama no tiene la culpa. Todos la tenemos.

No estoy de acuerdo con varias de las posturas del libro de Ed y
Celinda, pero sé que podría mantener una discusión amable y argu-
mentada sobre nuestras diferencias. Y les aplaudo por dirigir sus audiencias a reabrir las puertas al respeto".

Porter J. Goss
Ex congresista del suroeste de Florida
Ex director de la CIA

"Muchos fuera del Cinturón de Washington o al oeste del río Hudson
pueden verse tentados a ver este como un libro del "Corredor Acela". Están
equivocados. Al igual que Ed, soy un antiguo guerrero político convertido

en defensor del discurso cívico y he pasado de ser parte del problema a, espero, ser parte de la solución. Hoy en día, los partidistas y los tribalistas están más interesados en explotar los problemas en beneficio político, incluso personal, que en resolverlos. Ed y Celinda modelan y explican con experticia cómo se debe construir la confianza, que resulta en el respeto y en el proceso de redescubrir vías para una comunicación y cooperación bipartidista con esencia, sin sacrificar principios y valores fundamentales".

Kelly D. Johnston
Ex secretario del Senado de Estados Unidos (1995-96)

"Como actor muy voluntarioso en el estilo partidista actual del periodismo y la política, había renunciado a pensar en la vuelta al respeto, el compromiso y hasta a la unidad a la que llaman los grandes encuestadores de Washington Ed Goeas y Celinda Lake en "Cuestión de Respeto". Me parece que cuando la gente habla de compromiso, lo que realmente quiere decir es: "¡Dame la razón!" Decir "no" y seguir adelante es la respuesta para la mayoría. Pero al proporcionar una hoja de ruta hacia el respeto y el bipartidismo, la liberal Lake y el conservador Goeas ofrecen una lección muy personal para todos nosotros en la última página. Al reconocer cómo su relación políticamente dividida cambió a lo largo de los dos años que duró el proyecto de escritura, dijeron básicamente que el tiempo y la escucha eran la mejor medicina. Seguimos teniendo puntos donde no estamos de acuerdo. Siempre será así. Pero siempre nos escucharemos". A menudo son las soluciones sencillas las que parecen más difíciles de encontrar. La suya no es sólo una cura para lo que aqueja a Washington, comprimida en una lectura poderosa y concisa, sino tal vez el bálsamo para nuestra dividida nación. Bravo."

Paul Bedard,
Columnista de Washington Secrets para el Washington Examiner

"Ed Goeas y Celinda Lake llevan treinta años trabajando con éxito por encima de sus diferencias partidistas y filosóficas. Su trabajo ha requerido paciencia, debate, transigencia y, sobre todo, respeto mutuo. Así es como solían funcionar las cosas en Washington, antes de que algunos líderes de ambos partidos decidieran que el fin justificaba los medios y que la transigencia era un signo de debilidad. Este libro ayudará a los líderes bienintencionados de ambos partidos a comprender la raíz de nuestra disfunción y les motivará para trabajar con sus oponentes, empezando por respetarlos. A John McCain le habría encantado este libro".

Charlie Black
Estratega jefe, McCain 08

"El panorama político actual es monumentalmente diferente del que había cuando entré por primera vez en el servicio público hace décadas. He trabajado con Ed durante más de la mitad de mi carrera. Aunque su éxito tiene que ver con la estrategia, el momento oportuno y la táctica, también tiene que ver con su auténtico interés y pasión por ayudar a la gente. Su amor por nuestra nación es claramente evidente. Como he aprendido a lo largo de mi carrera, los cambios significativos molestarán a algunas personas, pero si quieres conseguir un bien mayor, debes ser lo suficientemente valiente como para tomar medidas y hacer lo que es correcto, sin importar el sacrificio personal. Ed y Celinda han sido audaces en su valoración de nuestra dividida nación, lo que puede incomodar a algunos. Ambos se han ganado el respeto de sus partidos políticos. Este libro y su vital perspicacia nos ofrecen un camino para renovar nuestra fe en nuestra nación y nuestro sistema de gobierno."

Gobernadora de Oklahoma Mary Fallin
2011-2019

"Ed y Celinda han revelado el corazón de los estadounidenses (su deseo de civismo y compromiso) y han ofrecido datos que así lo respaldan, afirmando lo que tantos de nosotros intuimos como patriotas. Se trata de un modelo muy valioso para todos nosotros, especialmente para quienes trabajamos para promover reformas estructurales que cambien la forma en que incentivamos nuestros servidores de elección popular. No es de extrañar, ya que Ed y Celinda han dedicado sus carreras a escuchar a los estadounidenses".

Lindsey Drath
Antiguo Operativo de Unite America y del Partido Republicano

"Una y otra vez, desde las salas de estar de los candidatos hasta las salas de juntas de las empresas, y desde las Casas de Estado hasta los pasillos del Congreso, candidatos, oficiales electos, sus asesores y donantes luchan por averiguar "qué está pasando". La mayoría de las veces, si son listos, la gente dice: "¡Llama a Ed!" o "¿Qué dice Celinda?". Durante años he esperado con impaciencia los resultados de las encuestas conjuntas no partidistas de Celinda y Ed. En este libro presentan un análisis honesto, depurado y refrescante sobre los problemas a los que se enfrenta nuestro país junto con algunas intrigantes posibles soluciones, incluso cuando no están de acuerdo. Leer este libro también es un placer gracias a la mirada tras bastidores que los autores nos ofrecen desde sus múltiples años ayudando a guiar los líderes de nuestro país".

Brian Baker
Asesor de la familia Ricketts

"Este libro, optimista y lleno de aspiraciones, suscitará en los lectores (tanto profesionales de la política como ajenos a ella) una reflexión realista sobre cómo hemos llegado al abismo político que asola actualmente a todas las comunidades y cómo podemos salir de él. Al "reventar la burbuja de filtros" de décadas, producente de una política conducente a nada, favorecida por una micro minoría miope, elitista, exclusiva, distante y distópica, Ed y Celinda ofrecen un camino hacia una muy necesaria corrección del rumbo político, basado en verdades intemporales: respeto y resultados. Practican lo que predican para producir su proeza conjunta. Hablando con una misma voz, con mentes abiertas, respetuosas, y corazones generosos, al tiempo que evitan la pseudopolítica actual, hiperhistriónica, e intelectual y moralmente desprovista, reflexionando sobre sus propias largas, distintas y distinguidas experiencias en trincheras de primera línea al rededor del mundo, el resultado es una historia contemporánea esclarecedora y lúcida de nuestros mejores y peores intentos hacia E Pluribus Unum, que llega a una serie de recomendaciones de reajuste libre de tonterías y con sentido común para así erradicar lo profano y dar paso a un progreso político y normativo productivo e integrador. Un libro muy bueno escrito por gente muy buena sobre un país muy bueno en tiempos muy malos. No podía dejarlo. Dales una copia a todos tus conocidos, especialmente a aquellos con los que has dejado de hablar".

Mary Matalin,
Consultora política estadounidense

"Durante la amarga campaña del Pacífico de la Segunda Guerra Mundial, el almirante William "El Toro" Halsey tenía un lema, "Matar japoneses. Matar japoneses. Matar a más japoneses", publicado en grandes carteles a la vista de todos los marinos. En la mayoría de las guerras, ambos bandos buscan deshumanizar al enemigo para inspirar a sus propias fuerzas a destruirlo. Y funciona. Pero el proceso también produce una animosidad profundamente arraigada que aumenta la ferocidad del combate y dificulta la inevitable necesidad de negociación y reconciliación. En la sociedad estadounidense, sobre todo en la política, se dan dinámicas similares, y es por eso que Cuestión de Respeto se torna tan importante. Ed y Celinda, dos experimentados veteranos del combate político, han escrito un diagnóstico reflexivo sobre dónde residen los problemas y qué podemos hacer al respecto. No es una solución, eso depende de nosotros, pero es una hoja de ruta invaluable que cada uno de nosotros debe llevar consigo."

General (R) Stan McChrystal,
Presidente/CEO The McChrystal Group

Cuestión de
RESPETO
Unirnos en una nación profundamente dividida

**ED
GOEAS**

**CELINDA
LAKE**

NEW YORK

LONDON • NASHVILLE • MELBOURNE • VANCOUVER

Cuestión de RESPETO

Unirnos en una nación profundamente dividida

© 2024 Ed Goeas, Celinda Lake

Todos los derechos reservados. Ninguna aparte de este libro puede ser reproducido, almacenado en un sistema de recuperación o transmitido de manera alguna ni por ningún medio (electrónico, mecánico, fotocopia, grabación, escaneado y demás), salvo breves citas en reseñas o artículos críticos, sin el permiso previo por escrito del editor.

Publicado en Nueva York, Nueva York, por Morgan James Publishing. Morgan James es una marca registrada de Morgan James, LLC. www.MorganJamesPublishing.com

Orgullosamente distribuido por Publishers Group West®

Habrá una edición electrónica **GRATUITA** para usted o un amigo con la compra del libro impreso

FIRME CLARAMENTE CON SU NOMBRE ARRIBA

Instrucciones para reclamar tu edición gratuita de en formato electrónico::
1. Visita MorganJamesBOGO.com
2. Escribe tu nombre CLARAMENTE en el espacio de arriba.
3. Diligencia el formulario y envía una foto de esta página completa.
4. Tú o un amigo pueden descargar el libro electrónico en su dispositivo preferido.

ISBN 9781636983264 rústica
ISBN 9781636983271 ebook
Número de control de la Biblioteca del Congreso: 2023947057

Portada y Diseño Interior:
Christopher Kirk
www.GFSstudio.com

Morgan James es un socio orgulloso de Habitat for Humanity Peninsula & Greater Williamsburg Socios de construcción desde 2006.

Participe hoy mismo! Visite MorganJamesPublishing.com/giving-back

Para el senador John McCain, un auténtico líder. John iluminó mi camino como un brillante ejemplo de un político que encarnó el respeto y el civismo en su máxima expresión, tanto entre los partidos políticos como entre los ciudadanos.

También, para los cinco estudiantes de la Universidad de Georgetown que formaron mi Grupo de Estrategia Estudiantil para la Estancia Académica en Civismo que dirigí en otoño de 2018.

John McCain y estos jóvenes líderes del mañana me dieron esperanzas para el futuro de nuestra nación y me inspiraron para escribir este libro con Celinda. (Ed Goeas)

Table of Contents

Agradecimientos xxi

Prólogo xxvii

Introducción por Ed Goeas. 1

Primera parte | La gran brecha 7

Capítulo 1. La desaparición del respeto: La pérdida de confianza
en una sociedad incivil 9

Capítulo 2. Cinismo: Muchos estadounidenses dudan que *haya*
soluciones 27

Capítulo 3. Polarización: Una inmersión profunda en la gran
división 45

Capítulo 4. Incentivos tóxicos: El mal comportamiento es
recompensado con creces. 67

Segunda parte | Construyendo puentes 81

Capítulo 5. Estrategias de resolución de problemas: Soluciones
viables para una nueva era 83

Capítulo 6. Redes no tan sociales: Reparación de una conectividad
que solía ser prometedora 97

Capítulo 7. Los medios de comunicación: Apagando las llamas
de la discordia................................ 115
Capítulo 8. Reformas: Abordar la regulación de la financiación
de las campañas y el privilegio de intereses
particulares................................ 133
Capítulo 9. COVID-19: Un ejemplo perfecto de polarización
extrema.................................... 149
Capítulo 10. Mirando hacia un futuro en el respeto........... 163

Una nota final.. 175
Acerca de los autores.................................. 177
Apéndices.. 181
Notas finales... 195

Agradecimientos de Ed Goeas

En primer lugar, a mi maravillosamente inteligente y cariñosa esposa Lisa y nuestros hijos, Emma, Robert y Bennett. Son la base sobre la que reposa todo lo demás. Cada uno de ellos es único a su manera, pero también tienen un vínculo común, y es que cada uno de ellos me robó el corazón y completó mi vida.

Mi hija mayor, Jenn Street, que no sólo ha sido una gran hermana para Emma, Robert y Bennett, sino que ha desempeñado un papel clave en sus vidas como profesora/educadora.

Mi padre, Ed Jr. (yo soy el tercero), era un auténtico patriota y filósofo. A lo largo de los años, me he encontrado citando las lecciones que me enseñó sobre la importancia del respeto mutuo. A mi madre, Nancy, que mantuvo a nuestra familia unida continuamente mientras mi padre se iba a la guerra. No es una tarea fácil con cuatro niños pequeños, y estoy seguro de que a veces se sentía como en su propia zona de guerra.

Al crear y construir el Grupo Tarrance, mis socios, Dave Sackett y Brian Tringali, se han convertido más en hermanos que en socios durante los últimos treinta y cinco años. No sólo vimos crecer nuestra empresa, sino también nuestras familias y, en muchos casos, crecer y empezar sus propias familias.

También está mi otra compañera política del otro lado del pasillo, Celinda Lake. Me faltan palabras para describirla. Justo cuando creía que el listón del respeto y la amistad no podía estar más alto, ahí estaba ella, subiéndolo un par de peldaños más. Era la coautora perfecta para este libro porque, aunque hay numerosos temas en los que diferimos, cuando se trata de carácter, civismo, confianza y respeto, sin duda Celinda se sitúa al frente de cada una de esas áreas.

Eddie Mahe, Nancy Dwight y Joe Gaylord, quienes desempeñaron un papel crucial a la hora de animarme a iniciar la carrera que emprendí, y a nivel nacional. No creo que ninguno de estos tres pioneros de las campañas modernas reciba nunca todo el reconocimiento por lo que hicieron al atraer hombres y mujeres más jóvenes y talentosos, quienes verdaderamente han fortalecido al Partido Republicano durante décadas.

Mi grupo de estudio bíblico de los viernes por la mañana en el restaurante Royal de Alexandria, Virginia, con el que me he reunido durante los últimos quince años: Charlie Black, Robin Roberts, Bill Harris, Dennis Whitfield, Ed Stewart, Bill Greener y Bill Lee. Gracias a todos por mantener la fe como un hermoso y enriquecedor vínculo común, tanto espiritual como político.

Luego está Ed Rollins. Somos amigos desde que nos conocimos, cuando él era director político de la Casa Blanca de Reagan y yo director político del Comité Nacional Republicano del Congreso. Rollins nunca olvidó su educación obrera y siempre la aportó a cada debate político. Una dosis de realidad digna de reconocimiento y que vale su peso en oro.

Muchas gracias a nuestros colaboradores en el libro: Judy Katz y Kai Flanders. Su orientación y supervisión editorial contribuyeron a que el proceso de escritura fuese productivo y agradable. Felicitaciones por su experticia.

Quiero dar las gracias a los candidatos con los que he tenido la suerte de trabajar a lo largo de los años, desde los primeros días con Frank Keating hasta los congresistas John Hiler, Porter Goss y Zach Wamp, entre otros, pasando por los senadores James Lankford, John Boozman y Joni Ernst, y los gobernadores Mary Fallin, John Kasich, Scott Walker y Haley Barbour. Y, por supuesto, como olvidar la carrera presidencial de John McCain, en la que tuve el privilegio de trabajar como asesor político y desempeñar un papel clave en su convención de 2008.

Gracias al equipo de Morgan James Publishing por su apoyo en nuestra aventura.

Me considero bendecido porque, cada que lo feo de la arena política empezaba a abatirme, aparecía alguien especial que llegaba por todas las razones correctas. Personas auténticamente comprometidas con mantener viva la democracia centrándose en las necesidades del pueblo estadounidense, no en el poder político. Como solía decir el Gobernador Haley Barbour: *"Que lo principal. . . ¡siga siendo lo principal!"*

Agradecimientos de Celinda Lake

Quiero dar las gracias a mis padres, Alice y Jack Lake. Al igual que los padres de Ed, ejercieron una influencia fundamental en mis valores y en la perspectiva que aporto a esta empresa conjunta. Creían firmemente en el valor y el respeto de todos los seres humanos, independientemente de su posición social, de quiénes fueran, de cómo fueran o de dónde vivieran. Valoraban el trabajo en equipo y la libertad individual, y encontraron un hogar para ello al mudarse de Nueva York a un rancho en Montana en 1948. También quiero dar las gracias a mi hermano Jackson, que siempre ha apoyado mis decisiones, incluso cuando mis padres no estaban de acuerdo.

Quiero agradecer a mis amigos, quienes han sido como mi familia. Me han levantado cuando estaba deprimida, me han sacudido y me han devuelto al ruedo, como decimos en Montana, y luego han estado ahí para celebrar los buenos momentos y las victorias. Uno de mis mejores amigos ha sido Ed Goeas. Siempre ha estado ahí, y ha sido un gran privilegio emprender este viaje y esfuerzo conjunto con él, ver su visión y sus principios rectores reflejados en este libro.

Quiero expresar mi agradecimiento a mis socios en LRP: Alysia Snell, David Mermin, Daniel Gotoff, Joshua Ulibarri, Jonathan Voss,

Bob Meadows y Robert Wesley. Nada de esto se habría dado sin ellos. Estoy muy agradecida por el trabajo estratégico y valioso, enmarcado en principios, que hemos realizado juntos y por separado. También quiero dar las gracias al increíble personal que hemos tenido a lo largo de los años. Quiero dar las gracias especialmente al equipo que ha colaborado en este libro: Michael Murphy, Sandra Markowitz, Mac Pugh y Ronan Ferrentino. También fueron decisivos, junto con los estudiantes de Georgetown, para que las voces de las nuevas generaciones llegaran al final de este libro.

Estaré eternamente agradecida con los increíbles clientes que hemos tenido, tanto potenciales como candidatos. Hemos compartido una lucha de décadas por nuestros valores, por el cambio y por las personas. Cada mañana me levanto con gran admiración por lo que hacen y muy orgullosa y agradecida de haber formado parte de sus equipos y de su importante labor.

También expreso mi gratitud a Morgan James Publishing por ayudarnos a llevar nuestro mensaje a todas partes.

Quiero agregar un agradecimiento a nuestros colaboradores, Judy Katz y Kai Flanders. Su orientación, experiencia y energía han sido vitales para este libro. Ed y yo queremos dar las gracias a Mo Elleithee por sus valiosísimas ideas ¡especialmente cuando tenía tantas cosas que hacer!

Prólogo

Fui un politiquero durante la mayor parte de mi vida adulta. Durante veinte años trabajé como secretario de prensa de campaña y estratega de comunicaciones. Trabajé para cuatro candidatos presidenciales, numerosos candidatos al Senado y a gobernador; fui el principal portavoz del Partido Demócrata y asesoré a varios grupos de interés progresistas y Comités de Acción Política. He sido comentarista político en la televisión y he escrito más de un guion para anuncios negativos.

Era un duro agente político y era bastante bueno en ello. Una vez me topé con un reportero político nacional que conocí en un acto de uno de mis candidatos y me dijo que le entusiasmaba saber que me había unido a la campaña porque sabía que eso significaba que habría "sangre en las paredes". Durante años, lo consideré un cumplido.

No debí hacerlo. El sucio secreto es que en realidad los respetaba a muchos de los candidatos en cuya contra trabajé. Por mucho que no estuviera de acuerdo con su visión política, estaban dando un paso al frente, poniendo sus nombres en la papeleta, y recibiendo los golpes de la misma manera que mi candidato. No estaba de acuerdo con ellos en mucho, pero respetaba sus motivos. Por supuesto, había algunas manzanas realmente podridas, pero la mayoría estaban allí por la razón correcta: Querían servir al público.

Aun así, eso no me impidió golpearlos con fuerza. Los comunicados de prensa que escribía eran mordaces, mezquinos y, a menudo, francamente desagradables. Así aprendí a hacerlo. Como muchos de mis compañeros, creía que era necesario si queríamos ganar. Era parte del juego. El problema era que la gente odiaba el juego tal y como se estaba desarrollando. Pasé dos décadas haciendo todo lo que la gente dice que odia de la política y me había convertido en parte del problema.

No es sólo el gobierno. La gente ha perdido la fe en la mayoría de las instituciones, no sólo en la política y el gobierno, sino también en Wall Street, los medios de comunicación tradicionales y dominantes, el mundo académico y muchos otros. Y esto es así en todo el mundo. Según el "Barómetro de Confianza" de Edelman de 2022, una encuesta mundial realizada a 35.000 encuestados en 28 países, casi uno de cada dos encuestados considera que el gobierno y los medios de comunicación son fuerzas divisorias en la sociedad. -Aproximadamente dos tercios de la población mundial cree que los periodistas (67%), los gobernantes (66%) y los empresarios (63%) "intentan engañar a la gente a propósito, diciendo cosas que saben que son falsas o exageradas".[1]

Por supuesto, no debería sorprendernos. Los votantes estadounidenses llevan décadas diciéndonos esto. Tras Watergate y la guerra de Vietnam, los votantes respondieron a Jimmy Carter en 1976 porque era un "outsider" político. Cuatro años más tarde, frustrados por la inflación y las crisis gemelas de la energía y los rehenes estadounidenses en Irán, recurrieron a otro outsider: Ronald Reagan. En 1992, en un momento en que la gente creía que los conservadores sólo velaban por los ricos y los liberales sólo se centraban en los pobres, Bill Clinton ganó con el mensaje de "Luchar por la olvidada clase media".

En 2008, los lemas de "esperanza y cambio" de Barack Obama se dirigieron a un electorado frustrado por un sistema que, en su opinión, estaba en contra del estadounidense promedio por cuenta de intereses particulares.

Un año más tarde, dos movimientos aparentemente opuestos, el Partido del Té (Tea Party en inglés) y el Movimiento Toma de Wall Street, surgieron simultáneamente con mensajes similares: Wall Street y Washington estaban confabulados y el ciudadano promedio estaba siendo exprimido. Y en 2015, Donald Trump aprovechó la ira de la gente, diciendo *que todo el sistema* estaba amañado, presentándose como el último outsider dispuesto a hacer y decir cualquier cosa para destaparlo todo. Hoy, la frustración crece, y junto con ella, la polarización. La gente ya no siente que estas instituciones están a su servicio. No se sienten vistos ni escuchados. *No se sienten respetados.*

No estoy lamentando la pérdida de una época mítica en la que los líderes políticos trabajaban juntos en armonía. La política en Estados Unidos *siempre* ha sido un deporte de contacto. Ha habido momentos en que ha sido peor. Hemos tenido un solo presidente no partidista en la historia de la República, y en la carrera para sucederle, John Adams y Thomas Jefferson se llamaron mutuamente mentirosos, ladrones, sinvergüenzas y cosas peores; un ex secretario del Tesoro fue asesinado en duelo por un vicepresidente en ejercicio; un miembro de la Cámara de Representantes golpeó salvajemente con un bastón a un senador en el pleno del Senado de los Estados Unidos.

Entramos en guerra con nosotros mismos sobre si debíamos mantener a otros seres humanos en la esclavitud; los japoneses-estadounidenses fueron llevados a campos de internamiento durante la Segunda Guerra Mundial; la violencia estalló entre manifestantes y la policía fuera de convenciones políticas nacionales. Estudiantes universitarios fueron asesinados por la Guardia Nacional en un campus universitario durante una protesta contra la guerra de Vietnam; policías estatales le partieron el cráneo a un futuro miembro del Congreso durante una marcha pacífica por los derechos civiles.

Y, aun así, a pesar de nuestra historia, la polarización política actual es tan grave como nunca lo ha sido. Encuestas recientes realizadas por los autores muestran que la mayoría de los estadounidenses cree que nuestras divisiones políticas son tan fuertes que nos acercamos a la guerra civil. Algo tiene que cambiar.

Así, en el verano de 2015, salí del campo de batalla partidista para poner en marcha el Instituto de Política y Servicio Público en mi alma mater, la Universidad de Georgetown. Quería explorar cómo hemos llegado a este punto y, lo que es más importante, trabajar con los jóvenes para encontrar formas de mejorar la situación. Uno de nuestros principales objetivos es reventar los filtros en los que muchos de nosotros vivimos, reuniendo personas con puntos de vista divergentes para que se entiendan mejor entre sí mientras exploramos los grandes temas políticos del momento. Creemos que mejorar el dialogo es un paso primordial hacia mejores soluciones.

Allí empecé a trabajar con Ed Goeas y Celinda Lake. Conocía el trabajo de estos dos legendarios encuestadores, uno republicano y otro demócrata, desde hacía décadas. Llevan casi treinta años trabajando juntos en su famosa "Battleground Poll" (Encuesta del Campo de Batalla), en la que sus empresas partidistas realizan conjuntamente un sondeo para evaluar las actitudes de los votantes en cuestiones clave y luego redactan análisis separados para ayudar a la prensa a entender los datos desde sus diferentes perspectivas. Ellos, y sus encuestas, demuestran cómo personas de muy distintos puntos del espectro político pueden colaborar por el bien público, e incluso desarrollar una amistad a lo largo del camino.

Así que me emocioné cuando Ed, después de terminar una estancia académica de un semestre en nuestro Instituto en 2018, en la que trabajó con estudiantes para explorar el civismo en la política, se acercó a mí para convertirnos en el nuevo hogar de la encuesta Battleground. A medida que avanzaban mis conversaciones con Ed y Celinda, nos entusiasmó la idea de ampliar el alcance de la encuesta con un nuevo elemento: un segmento completo que rastreara las actitudes de los votantes hacia el civismo en la política a lo largo del tiempo. Habríamos de explorar que tan mal los votantes pensaban que estaban las cosas, a quién culpaban y cuánto lo deseaban realmente.

Lanzada en 2019 como complemento de la encuesta Battleground, *la encuesta sobre civismo* del Instituto Georgetown de Política y Servicio Público ha arrojado resultados fascinantes. La gente está preocupada por el estado de nuestro discurso nacional. Les preocupa que nos dirijamos hacia la violencia (incluso antes de la Insurrección del Capitolio del 6 de enero de 2021). Culpan a los líderes políticos de ambos partidos, a los medios de comunicación, a las redes sociales y a los grupos de interés particulares de la falta de civismo en la política. Y exigen que mejoremos. Al mismo tiempo, los mismos votantes que dicen querer que los líderes políticos se comprometan y encuentren intereses comunes, también dicen estar cansados de los líderes que transigen en sus valores y quieren que se levanten y luchen contra el otro bando. Los votantes están enviando señales contradictorias y el resultado es desastroso.

El problema se ha reducido a una cuestión de respeto. Los estadounidenses han dejado de respetar las instituciones, los oponentes políticos e incluso a los demás. Esa falta de respeto ha alimentado una polarización tóxica que ha hecho de ésta una de las épocas más divididas de la historia moderna.

Pero hay esperanza. Tras haber trabajado con estudiantes de Georgetown en los últimos años, Ed, Celinda y yo hemos visto que la próxima generación está dispuesta y ansiosa por tomar un camino diferente. No son menos apasionados hacia la política, solamente adoptan un enfoque diferente. Se escuchan mejor unos a otros. Se retan mejor unos a otros. Encuentran mejor sus intereses comunes; cuando no, se ponen de acuerdo para discrepar mejor. En resumen, se respetan más. Y al escucharlos y trabajar con ellos, me han hecho mejorar.

En este libro, Ed y Celinda se basan en sus décadas de amistad y cooperación para ayudarnos a todos a entender por qué las cosas han salido tan mal, a la vez que nos ofrecen un plan para cambiarlas. No están de acuerdo en todo, ni siquiera en este libro. Pero de lo que *ambos* están seguros es de que todo se reduce a una cuestión de respeto.

—**Mo Elleithee**
Universidad de Georgetown,
director ejecutivo del Instituto de Política y Servicio Público

Introducción

Por Ed Goeas

En lo más álgido de las elecciones del otoño de 2018, tuve la oportunidad de una estancia académica en el Instituto de Política y Servicio Público de la Universidad de Georgetown, donde construí debates en torno a la cuestión del civismo en la política. Estábamos a la mitad del primer mandato del presidente Trump, un entorno político cada vez más polémico, en el que las mujeres de los suburbios se alejaban en masa del Partido Republicano, empujadas por la falta de tacto, la falta de respeto y la falta de civismo de Donald Trump. Era un tema difícil en un momento difícil. Cada debate podía desembocar en la espiral de incivilidad en la que yo sentía que estaba sumida nuestra nación.

A lo largo de los tres meses que duró mi estancia en Georgetown, se me permitió invitar a tres personas a participar en uno de los debates semanales del grupo. En mi estancia sobre civismo en la política, invité a tres personas a las que había llegado a respetar mucho durante los más de cuarenta años que había trabajado en campañas políticas. El primero fue Ed Rollins, con quien había mantenido una estrecha amistad cuando él era el director político de Ronald Reagan en la Casa Blanca, y yo era el director político del Comité Nacional Republicano del Congreso. Quería que Rollins compartiera con los estudiantes la historia de las últimas semanas de la campaña de reelección de Reagan en 1984, en la que él fue el director de campaña. Rollins intentaba que el presidente Reagan fuera a Minnesota en los últimos días de la campaña con la premisa de que Reagan ganaría el estado si lo hacía. La respuesta de Reagan fue: "Ese es el estado natal de Mondale. ¡Que lo gane!"

Y eso fue precisamente lo que ocurrió: Walter Mondale ganó Minnesota y Reagan los otros cuarenta y nueve estados. Siempre lo consideré un auténtico acto de civismo, algo que dudo que veríamos en el entorno político actual y que dio lugar a un debate muy fascinante y positivo con los estudiantes. Un debate sobre el respeto al adversario político y sobre el hecho de que la campaña de 1984 fue la última campaña presidencial sin anuncios políticos negativos al aire.

La segunda persona a la que invité a un conversatorio fue Celinda Lake, la conocida encuestadora demócrata con la que había realizado la encuesta Battleground durante más de treinta años. Había llegado a respetar a Celinda a lo largo de esos años y hacía tiempo que la consideraba una buena amiga. Sobre todo, había llegado a confiar en la honestidad de Celinda a la hora de evaluar los datos, tanto los buenos como los malos. No traje a Celinda para hablar de encuestas, la traje para hablar de la reforma a la financiación de las campañas, un tema del que hablaremos más adelante en el libro. Quise que participara en esa discusión porque no coincidimos en el tema. Tenemos respuestas muy diferentes sobre la necesaria reforma a la financiación de las campañas. Aun así, quería que los alumnos vieran un diálogo civilizado y respetuoso desde puntos de vista opuestos.

La tercera persona a la que traje para el último conversatorio fue Tom Ridge: excongresista, exgobernador de Pensilvania y el primer secretario de Seguridad Nacional. El gobernador nunca había sido uno de mis clientes en las encuestas, pero conocía a Tom Ridge desde su primer periodo en el Congreso y siempre había creído que era uno de los buenos que estaban ahí para marcar la diferencia, no para causar problemas. Quería que hablara con los estudiantes sobre Donald Trump. Este conversatorio se celebró diez días después de las Elecciones de noviembre de 2018, cuando acabábamos de perder el control de la Cámara de Representantes de Estados Unidos. Tras las elecciones, en Washington y los medios de comunicación, hubo múltiples señalamientos desde el lado republicano y hostilidad desde el de los demócratas. Hubo muchos comentarios emotivos sobre el presidente Trump, y quería que los estudiantes escucharan lo que el gobernador tenía para decir. Dejó claro que no defendería el estilo, a menudo incivil, por el que Trump se había hecho conocer, pero dijo que "deseaba el mejor éxito para el presidente porque si el presidente tenía éxito, el país tendría éxito."

Quería que los alumnos vieran qué es un verdadero patriota. Tom Ridge había visto la guerra en Vietnam y había creado una vasta agencia gubernamental para luchar contra el terrorismo. Sabía cuándo luchar y cuándo generar unión, y fue sin duda el colofón perfecto a nuestra discusión de tres meses sobre civismo.

Al terminar mi estancia, debo decir que fueron los estudiantes, no los conferencistas, quienes me inspiraron para escribir este libro. Percibí que los estudiantes de la Universidad Georgetown eran diferentes de muchos de los otros estudiantes que había conocido hablando en diferentes campus a lo largo de los años. Estaban profundamente comprometidos a escuchar distintas opiniones con respeto. Me alimenté del llamado por más de los cinco estudiantes que se me asignaron como Equipo de Estrategia Estudiantil, cuya misión era ayudar a facilitar los conversatorios. Vi en esos estudiantes la esperanza de que nosotros, como nación, pudiéramos salir de este bucle de incivilidad y me di cuenta de que los jóvenes podrían ser la clave para construir un país mejor y más civilizado.

Sin embargo, también había llegado a la conclusión de que un libro así solo tendría cabida cuando Donald Trump ya no fuera presidente. Siempre había manifestado abiertamente lo que pensaba de su estilo descarado e insípido. Nunca pude sentirme cómodo con la afirmación de que "no me gusta su estilo, pero me gustan sus políticas" que tan frecuentemente escuchaba. No con dos hijos pequeños en casa a quienes intentaba enseñar a ser todo lo que Trump no era.

La conclusión era que no quería que el libro se centrara en Trump; a él lo veía como un síntoma de hacia dónde había involucionado nuestro país en nuestros comportamientos inciviles y no como la enfermedad en sí. Así que cuando llegó noviembre y Trump perdió la presidencia, volví a pensar en escribir un libro, pero esta vez, con una idea ligeramente diferente: traer a Celinda Lake como coautora. En 2019, trasladamos la encuesta Battleground a la Universidad de Georgetown y añadimos una sección sobre civismo. Se convirtió en la Encuesta Battleground del Instituto de Política y Servicio Público de la Universidad de Georgetown, pero a lo largo de 2019 y las elecciones de 2020, las preguntas y los análisis sobre civismo parecieron despertar el interés de los periodistas. Celinda y yo acordamos que era hora de escribir y decidimos que el libro no debía centrarse en Trump.

¿No estar centrado en Trump? Esa ha sido la parte más difícil de escribir este libro y sobre la que sólo ustedes, los lectores, pueden emitir un juicio final. Fue difícil no unirme al coro mientras veía a mi partido perder dos escaños en el Senado en Georgia y el control del Senado de los Estados Unidos gracias a que de lo único que el presidente Trump quería hablar era acerca de fraude electoral y cómo los votos de los electores no contaban, lo que mermó la participación de los votantes republicanos en la segunda vuelta de las elecciones especiales de Georgia. Fue duro ver a Donald Trump seguir destrozando al vicepresidente Mike Pence, un hombre al que había llegado a respetar a lo largo de los años, mucho antes de que fuera vicepresidente, por no anular las elecciones con acciones que todas las mentes conocedoras de las leyes del país sabían que eran inconstitucionales. Ha sido difícil no entretejer la preocupación de que más del 60% de los republicanos, casi una cuarta parte del electorado estadounidense, creen las afirmaciones infundadas de Trump de que las elecciones fueron robadas. ¡Ha sido difícil no ser Trump-céntrico cuando él es tan egocéntrico!

Para las Navidades de 2020, teníamos un acuerdo para escribir el libro y hacer una encuesta Battleground del Instituto de Política y Servicio Público de la Universidad de Georgetown la primera semana de enero. Sí, estábamos en el terreno la semana del 6 de enero, con la mitad de la encuesta realizada antes de los acontecimientos de ese día y la otra mitad después. Los datos que recibimos fueron beneficiosos para ver los cambios en las actitudes de los votantes sobre el civismo a causa de los acontecimientos del 6 de enero.

De nuevo, a lo largo del último año, una parte de mí se ha cuestionado a menudo sobre escribir este libro, especialmente bajo la larga y oscura sombra de los acontecimientos del 6 de enero. He tenido que lidiar con sentimientos personales profundamente arraigados. El 11 de septiembre y el 6 de enero, mi esposa Lisa estaba allí, en los edificios de oficinas del Senado, posiblemente en peligro, mientras terroristas atacaban nuestro país: terroristas extranjeros el 11 de septiembre; terroristas nacionales el 6 de enero. Sin embargo, sigo aferrado a la esperanza y la inspiración que encontré en los estudiantes de Georgetown, la esperanza que veo en mis hijos y la esperanza que veo en mi esposa, que trabaja duro cada día con su senador, Joni Ernst, de Iowa, para intentar cambiar positivamente la vida de las personas.

Durante el último año, me di cuenta de algo más al trabajar estrechamente con Celinda para escribir este libro. No estábamos escribiendo un libro sobre civismo, sino sobre respeto. El civismo es el idioma de nuestra comunicación. El respeto es el núcleo esencial que informa la forma en que interactuamos unos con otros en todos los ámbitos de la vida. Sin respeto, a nivel político o personal, no hay posibilidad de una unión significativa, positiva y curativa, algo que tanto nosotros como el país necesitamos desesperadamente. Con esa claridad, las exigencias de un debate público sobre civismo y respeto se hicieron mucho más significativas, y las largas y oscuras sombras del 6 de enero parecían estar en retirada. Aun así, falta mucho camino por recorrer. Por eso escribí este libro con Celinda, dejando a un lado las diferencias, intercambiando ideologías, coincidiendo en lo que hay que hacer, y a menudo discrepando en las soluciones prácticas. Pretendemos modelar lo que es posible, incluso cuando no se está de acuerdo.

Espero que lo que vas a leer marque la diferencia. Gracias por emprender este viaje con nosotros

Primera parte

La gran brecha

Capítulo 1

La desaparición del respeto: La pérdida de confianza en una sociedad incivil

En este momento, en algún lugar de Estados Unidos, alguien está publicando un tuit descortés en Twitter. Ahora mismo, alguien en las noticias está avivando la ira entre su audiencia; alguien está difundiendo información cuestionable en Internet; alguien está dando a las voces extremistas una plataforma para sembrar la discordia y la disensión en nuestro ámbito político. Pero también, ahora mismo, en algún lugar de Estados Unidos, *hay* gente trabajando respetuosamente para fortalecer nuestra democracia.

Aun así, es urgente buscar el civismo y la unidad en nuestro discurso público. Sencillamente, no podremos hacer gran cosa para resolver nuestros problemas fundamentales si no empezamos por unirnos. No se trata de cuestiones ideológicas, sino de sentido común y necesidades humanas.

Los estadounidenses tenemos ante nosotros una decisión urgente. Debemos decidir entre construir sobre una base de respeto mutuo o vivir en una sociedad fracturada, donde la división gobierne el día a día. ¿Trabajaremos juntos por el bien común, negociando nuestras diferencias de buena fe, o dejaremos que nuestra nación se hunda? ¿Nos guiaremos mutuamente hacia una sociedad civil en la que se reconozcan y celebren nuestros puntos en común, se respeten nuestras diferencias y, cuando sea necesario, se negocien compromisos de común acuerdo?

Eso esperamos. Pero para que eso ocurra, el respeto y el civismo deben volver a la vida y la política estadounidense para que nuestro país avance. Nos gusta pensar que, en el fondo, la mayoría de los estadounidenses también lo creen. Un discurso cívico significa que nos esforzamos por comunicarnos eficazmente (con amabilidad y consideración) incluso cuando parece que hablamos idiomas distintos. El civismo es el lenguaje del respeto; el respeto es la base de la sociedad cívica y la base del respeto es la confianza. Lamentablemente, ya no confiamos ni en los demás ni en nuestras instituciones.

¿Por qué hemos permitido que se imponga la actual mentalidad de "nosotros contra ellos"? ¿Cómo hemos perdido la confianza y la consideración por los sentimientos y tradiciones de nuestros semejantes? La falta de respeto y confianza que vemos en la política, en las redes sociales, en los noticieros y en nuestras vidas personales indica un grave colapso de los componentes esenciales de una democracia sana.

Cabría esperar que dos encuestadores (un demócrata y un republicano) tuvieran opiniones dispares sobre muchas cuestiones políticas y sociales. Y así es. También hay áreas en las que estamos totalmente de acuerdo. En nuestro trabajo, y al escribir este libro juntos, nuestro compromiso fundamental es ayudar a arreglar el maltrecho sistema político estadounidense. Este libro explora en qué se ha equivocado nuestro país y ofrece soluciones que creemos que pueden sacarnos de este embrollo.

Ed es republicano y Celinda demócrata. Curiosamente, Ed creció en un hogar demócrata y cambió de partido cuando estaba en la universidad; Celinda creció en el Partido Republicano y también cambió de partido en la universidad. Esto no es extraño, ya que muchos adultos jóvenes abandonan los partidos políticos de sus padres, pero tener experiencias en ambos partidos nos ha ayudado a entender mejor las creencias opuestas.

A lo largo de los años, hemos realizado un centenar de encuestas juntos para diversos grupos, organizaciones y causas. Nuestra colaboración más significativa es nuestra encuesta Battleground. Este sondeo es una encuesta nacional bipartidista que mide con fiabilidad la opinión política de los votantes en Estados Unidos. Hemos realizado esta encuesta a menudo en los últimos treinta años, los últimos cuatro en colaboración con el Instituto de Política y Servicio Público de la Universidad de Georgetown, bajo la dirección de nuestro estrecho colaborador y amigo Mo Elleithee. Mo es actualmente el director ejecutivo del Instituto y el impulsor de que el civismo sea el tópico central de muchos temas de nuestra Encuesta Battleground y de sus programas políticos en curso en Georgetown.

Nuestras Encuestas, que se realizan desde dos puntos de vista diferentes, pretenden tomar el pulso al pueblo estadounidense. Su objetivo es ayudar a todas las partes interesadas (líderes políticos y aspirantes a líderes, medios de comunicación y, sobre todo, el público en general) a comprender mejor los sentimientos, actitudes, preocupaciones y temores de los conciudadanos estadounidenses.

Una base de respeto

Dadas nuestras diferencias políticas, la gente nos pregunta a menudo cómo nos conocimos. Era el otoño de 1990. Hungría acababa de retirarse del Pacto de Varsovia, pero aún quedaban tropas rusas en los alrededores que no regresarían a Moscú hasta dentro de nueve meses. Estábamos en Budapest a petición del Instituto Nacional Demócrata, cada uno por su cuenta, simplemente como observadores para presenciar las primeras elecciones libres en la historia del país. Las calles, los hoteles y los edificios gubernamentales estaban llenos de políticos, periodistas y oportunistas varios. Los fantasmas del aplastado levantamiento de 1956 aún vagaban por los ornamentados salones del edificio neogótico del Parlamento Húngaro en la orilla oriental del Danubio.

A menudo, se conocen personas interesantes en un bar de piano, lugar donde nos encontramos por primera vez. Budapest se compone de dos ciudades: Buda y Pest. Aquella noche estábamos en el lado de Pest, donde algunos nos habíamos reunido en el bar de piano de un hotel. Tras habernos presentado, descubrimos que ambos éramos encuestadores y hablamos hasta bien entrada la noche sobre encuestas y política. La idea de la encuesta "Campo de batalla" surgió en Hungría. Las calles que recorrimos tras aquel primer encuentro habían sido un campo de batalla donde los principios de libertad y democracia vencieron a las fuerzas de la tiranía. Más de dos mil quinientas personas dieron su vida para liberarse del yugo de la opresión y crear una democracia representativa con elecciones libres y abiertas. Celinda comentó que el entorno en el que nos encontrábamos le resultaba especialmente conmovedor porque la familia de su compañera de cuarto y mejor amiga en la universidad había huido de Hungría en 1956 en busca de libertad después de que el padre de su amiga, que estaba en el ejército, hubiera entregado armas a los rebeldes.

Esa noche decidimos hacer una encuesta conjunta. La idea era sencilla: escribiríamos un análisis estratégico independiente sobre los mismos datos de sondeo desde el punto de vista republicano de Ed y demócrata de Celinda. No veríamos el análisis estratégico del otro hasta la víspera de darlo a conocer en una rueda de prensa. También mantuvimos el análisis estratégico republicano y demócrata "a prueba de veto", por lo que no hubo dilución de ninguno de los dos análisis. Lo que hizo única a la encuesta Battleground fue contar las dos caras de la historia desde una perspectiva singularmente enfocada. Nuestra primera encuesta conjunta salió a la luz nueve meses después de nuestra primera reunión, en junio de 1991, y acabó siendo la primera encuesta pública que mostraba posibles problemas para la reelección del presidente H.W. Bush en 1992.

Con el tiempo, desarrollamos un segundo componente: la Encuesta Sobre Civismo. Su propósito era medir y seguir las actitudes de los votantes sobre el civismo en nuestra política y espacios públicos. La Encuesta sobre Civismo del Instituto Georgetown de Política y Servicio Público recoge y analiza las opiniones de los votantes y muestra cómo han visto los estadounidenses la cuestión del compromiso y la búsqueda de un terreno común en política en distintos momentos.

En nuestras últimas encuestas, hemos descubierto pruebas de una brecha cada vez más amplia entre la población estadounidense que amenaza gravemente los cimientos mismos de nuestra democracia. Hemos descubierto que casi todos los grupos se sienten víctimas de alguna manera. Algunos creen firmemente en el poder del libre mercado y les molesta que el gobierno intervenga y restrinja todas las facetas de su vida cotidiana. Otros creen que el gobierno debe involucrarse mucho más para dar a todos una oportunidad justa y protegerlos frente a intereses particulares y unos pocos privilegiados.

El ruido ha aumentado en ambos estadios y estamos perdiendo rápidamente la capacidad de oírnos unos a otros. Con muy pocos escuchando y las interacciones en persona drásticamente disminuidas, la polarización seguirá aumentando, con la disensión en el centro del escenario mediático, en las calles de nuestra ciudad y del campo y en los lugares públicos de reunión e incluso en nuestras mesas.

En nuestras encuestas Battleground, vemos una confusa contradicción una y otra vez: La gran mayoría de las personas encuestadas dicen que quieren cooperación. Dicen que quieren que forjemos respeto mutuo. Dicen que elegirán a políticos dispuestos a transigir por el bien común. Al mismo tiempo, estos encuestados no están dispuestos a "ceder" en muchas cuestiones que les separan. Afortunadamente, coinciden en muchos temas, como la necesidad de arreglar nuestras infraestructuras en decadencia, apuntalar nuestras costas, luchar contra los incendios forestales, hacer asequibles los medicamentos con formula y ayudar a las pequeñas empresas. Aun así, continúa la lucha sobre cuánto dinero de los contribuyentes asignar y cómo poner en práctica estos objetivos.

En realidad, los políticos caminan sobre una delgada línea. Los votantes quieren que los políticos que han elegido defiendan aquello en lo que creen sus electores, pero también que se unan. Así que encontrar la manera de llegar a un acuerdo efectivo sin alienar la base no es fácil ni siquiera para el servidor público más hábil.

La dura realidad es que sin respeto mutuo no puede haber puntos en común. Sin respeto, este enorme abismo entre nosotros seguirá ensanchándose hasta que no sólo paralice cuestiones críticas, sino que amenace con estallar en el tipo de violencia que vimos en el ataque del 6 de enero de 2021 en el Capitolio o algo peor.

Nuestra República Democrática tiene una Constitución y una Carta de Derechos que garantizan a cada estadounidense el derecho a la vida, la libertad y la búsqueda de la felicidad. Nos encanta decir que somos un crisol de razas, un "mosaico", en el que cada cual conserva sus diferencias, pero las funde en un hermoso todo. Sin embargo, si se mira más de cerca, la realidad es que Estados Unidos rara vez ha sido un lugar de completa unidad y serenidad. Las democracias y las repúblicas tienden a ser desordenadas, requieren de la conciliación de ideas e intereses contrapuestos. En la historia de Estados Unidos se han producido pequeñas rebeliones, asesinatos, disturbios sociales, violencia, guerras civiles y pandemias. A algunos veteranos, e incluso Baby Boomers, les gusta argumentar que las cosas han estado peor en años pasados y que, al final, todo mejoró. En el fondo, no se trata de qué generación tuvo los retos más significativos. Ahora vemos que las cosas nos van peor y queremos arreglar esos aspectos.

Hoy en día, hay menos áreas en las que la gente esté de acuerdo, lo que hace mucho más difícil conseguir que las cosas se hagan. En su discurso de investidura, el presidente Biden hizo un llamamiento a restaurar el sentimiento de unidad[2]; muy admirable, pero ¿se puede lograr? Parece que no nos ponemos de acuerdo sobre lo que significa *estar unidos*. Por eso estructuramos nuestras Encuestas Battleground de modo que las preguntas se formulen con cuidado, asegurándonos de que los encuestados respondan honestamente cómo perciben las cosas sobre la gran brecha. Por supuesto, la pregunta más importante, la más difícil de responder, y lo que estamos explorando aquí es: *"¿Qué podemos hacer al respecto?"*.

Encontrar soluciones es más complicado que nunca. La tecnología nos conecta a velocidades asombrosas; sin embargo, las redes sociales son una bendición y una maldición. El hecho de que todo el mundo tenga voz y se esconda tras el anonimato, consigue aislar y polarizar de forma única. Por ejemplo, los algoritmos en internet están diseñados específicamente para reforzar lo que ya nos gusta. Seguro que te ha pasado porque ¡a nosotros también! Vas de compras a Amazon y, de repente, ves anuncios de productos similares, o incluso del mismo producto, que te siguen por todas las páginas web que visitas. Lo mismo ocurre en la política. Los algoritmos reconocen que has hecho clic en el sitio web de Donald Trump o en algún sitio relacionado. Esto significa que debe gustarte Trump, que estas alineado con los republicanos o tienes ideas conservadoras, y todo lo que aparecerá en tus redes sociales será pro-Trump o en esa línea.

Gracias a nuestra crianza, a pesar de algunos fuertes contrastes, también tenemos muchos puntos en común. Ambos consideramos nuestro trabajo como encuestadores un servicio público que aporta la voz del pueblo a nuestra democracia. Estamos igualmente decididos a mejorar la vida de los demás. Cada uno de nosotros procede de un estado rural y no de un centro urbano, y de familias que hacían hincapié en la cooperación. Nuestros nos inculcaron la necesidad de una participación ciudadana activa. Ambos somos creyentes. Como ya se ha dicho, el hecho de que cada uno de nosotros empezara en un partido político distinto nos hizo comprender mejor a quienes piensan de forma diferente y con ese conocimiento viene la tolerancia.

La trayectoria de Ed

Nací en San Francisco justo después de que mi padre terminara la universidad, iniciara la carrera que había elegido en el ejército estadounidense y se trasladara a Fort Bliss, Texas, seis semanas después. Este fue el primero de muchos destinos a lo largo de su extensa y distinguida carrera en las Fuerzas Armadas. Durante mi infancia nos trasladamos con frecuencia y vivimos en varios estados y en el extranjero. Mi padre estuvo en Vietnam, Corea y, al final de su carrera, en Alemania. Allí me gradué de la secundaria en 1970, después de haber asistido a quince escuelas entre el jardín de infancia y la universidad, incluidas escuelas en Texas, Washington, California, Maryland, Oklahoma y Kansas. Nuestras vacaciones familiares a menudo solían ser viajes en auto por Estados Unidos entre un nuevo destino y otro. No me di cuenta en ese momento, pero esta exposición fue una experiencia de vida positiva, que me abrió al mundo para ver cómo viven distintos tipos de personas. Con el tiempo, mi padre se jubiló y obtuvo el rango de teniente coronel. Por mi parte, portaba con orgullo la etiqueta de "Mocoso del Ejército".

Mi padre nació en Hawái y era de ascendencia portuguesa. Como nuestra familia pasó por muchos hogares temporales, mi padre hacía especial énfasis en nuestra herencia portuguesa y la cultura hawaiana. En los comienzos de Hawái, los inmigrantes portugueses eran de lejos la minoría, y a menudo trabajaban en el campo o como comerciantes. En cambio, mi madre era de un pequeño pueblo de las montañas de Tennessee; sus padres se criaron en esas montañas. Sin embargo, durante la Gran Depresión, siendo aún bebé, sus padres la dejaron con su abuela y tomaron caminos opuestos para encontrar trabajo en otro lugar y nunca regresaron, nunca volvieron a reunirse como familia.

La familia de mi padre llevaba más de sesenta años en Hawái cuando se produjo el ataque a Pearl Harbor. Mi padre volvía a casa después de servir como monaguillo en la misa de aquel domingo por la mañana cuando vio el humo que cubría el horizonte. Aquel horrible suceso no sólo unió a nuestro país y a los propios hawaianos, sino que también impulsó el compromiso de mi padre con el servicio público y el servicio militar a una edad muy temprana. También le inculcó una fuerte aversión por los abusadores y un compromiso por defender al "pequeño". Son cualidades que me gusta pensar que él me transmitió y que yo puedo transmitir a mis hijos.

Tal unión de Hawái también tuvo otra repercusión en mi familia y en mi visión del mundo. A lo largo de los años, he ido ganando primos de ascendencia mixta samoana y hawaiana, y tal vez de otras etnias. Puede que no conozcan su herencia portuguesa, pero compartimos nuestra cultura hawaiana. Para mí, el crisol o mosaico, como quieran llamarlo, es lo que hace único a este país, que ofrece la promesa de una vida mejor a todos los que estén dispuestos a trabajar duro y unidos.

Un impedimento del habla hizo de mí un adolescente más callado que la mayoría. En retrospectiva, lo considero una bendición disfrazada que me ayudó a convertirme en un buen oyente. He descubierto que si mantienes la boca cerrada y los oídos abiertos y te centras en la tarea que tienes entre manos, puedes acceder a entornos en los que oyes y ves mucho.

De mi padre también aprendí la importancia de las decisiones éticas. No es que siempre haya tomado las decisiones correctas, pero sin duda ha evitado que tomara más de una mala decisión. Aunque mi padre alentaba mi participación en política desde el punto de vista del servicio público, creía firmemente en la frase: "¡El poder corrompe, y el poder absoluto corrompe absolutamente!"". A menudo me aconsejaba que "si tienes que cuestionar la ética de algo a lo que te enfrentas, ya tienes tu respuesta".

Me involucré en la política en 1964, a los doce años, mientras mi padre estaba en Vietnam y yo trabajaba como voluntario en la sede local de la campaña presidencial de Lyndon Johnson, queriendo entender por qué mi padre estaba allí y no en casa con nosotros. Y como católico, creía que tenía que estar con el partido de John Kennedy. En esencia, "lamía sobres" mientras me empapaba de la emoción de la campaña de Johnson contra Barry Goldwater, pero fui "adoptado" por varias universitarias que trabajaban en la campaña por ser el chico cuyo padre estaba en Vietnam. Aprendí mucho, pero sobre todo terminé aquella campaña y me interesé cada vez más por la política.

En 1970, asistí a la Universidad de Cameron en Lawton, Oklahoma. En 1972, estando en la universidad, fui voluntario en el campus para George McGovern en su campaña contra Richard Nixon. Fue una campaña impulsada principalmente por el movimiento estudiantil, pero me molestó mucho cuando los sindicatos apoyaron a McGovern después de que ganara la nominación. De repente, los estudiantes fueron casi hechos a un lado. Básicamente, nos dieron una palmadita en la cabeza y dijeron: "Muy bien pequeños. Nos haremos cargo ahora. Dejen trabajar a los adultos". Fue la primera grieta en mi firme identificación demócrata.

También participé en un grupo de estudiantes estatal llamado Oklahoma Intercollegiate Legislature (OIL - Legislatura Interuniversitaria de Oklahoma) durante mis años de universitario, el cual seguía el modelo de la legislatura estatal real. Se creó para sacar al movimiento estudiantil de las calles y llevarlo a un formato en el que nuestras voces se oyeran desde el interior de la estructura, con sucesos como el asesinato de cinco manifestantes estudiantiles por parte de la Guardia Nacional de Ohio en 1970 en la Universidad Estatal de

Kent, Ohio, que sirvió de catalizador. En mis primeros y últimos años, fui elegido "gobernador", llevando a cabo mi primera campaña populista, unificando a las universidades más pequeñas frente a las escuelas estatales más grandes. Mi activismo llamó la atención de Frank Keating, un senador estatal republicano de veinticinco años de Oklahoma. Frank estaba buscando la reelección y buscando activamente líderes estudiantiles. Se puso en contacto conmigo y me pidió que me hiciera republicano para formar parte de su campaña. Aunque yo me identificaba cada vez más con las ideas republicanas (de tendencia más centrista) por aquel entonces, le dije que no podía pertenecer al mismo partido que Nixon. Un año después, Keating, para entonces candidato al Congreso, volvió a llamar: "Nixon está fuera. Se acabaron las excusas", afirmó, "ven a trabajar con nosotros". Dejé la universidad a solo siete créditos de graduarme para dirigir la campaña de Keating, mi primer cargo político remunerado. Aunque Keating perdió aquellas elecciones, acabaría siendo gobernador de Oklahoma durante dos mandatos, yo le ayudé en ocasiones, ya que habíamos forjado una amistad sólida y duradera.

Pasé la década siguiente trabajando en varios puestos del Comité Nacional Republicano y del Comité Nacional Republicano del Congreso, e incluso un periodo de dos años como jefe de personal de un congresista de Indiana. Durante ese tiempo, conocí al encuestador republicano Lance Tarrance y, en 1987, me uní a su empresa para abrir una oficina de Tarrance and Associates en Washington. Un año después, Tarrance decidió vender esta empresa a Gallup y retirarse de la política, corriendo con que tuve la suerte de que me ascendieran a presidente de la empresa. En 1991, junto con mis dos socios, Brian Tringali y Dave Sackett, compré el Grupo Tarrance a Gallup y desde entonces trabajamos juntos, dirigiéndola como socios.

En estos más de treinta años como encuestador y como parte de equipos de estrategia a lo largo de muchas campañas, he visto cómo las campañas políticas y el diálogo político se volvían cada vez más hostiles. También he visto la confianza en el gobierno y las instituciones volverse cínicas. Parte de esa desconfianza se debe a que caemos en la trampa de abordar todos los problemas desde una posición ideológica, cuando no todas las soluciones tienen que ver con la ideología. Gran parte de esa desconfianza se debe a la falta de soluciones a los problemas a los que se enfrenta la gente en su día a día. He observado repetidamente a nuestra nación pasar por fases de resolución de problemas en las que hablamos del problema, hablamos de soluciones, aplicamos soluciones y luego creamos una nueva serie de problemas. Hemos pasado por esas fases tantas veces que los nuevos problemas a los que debemos enfrentarnos son problemas creados por nuestras soluciones, no por los problemas de fondo. Los votantes sienten que no se abordan sus problemas de fondo, lo que les hace más cínicos. La falta de confianza les hace más susceptibles a la demagogia, sea que provenga de candidatos, grupos con intereses particulares, redes sociales o medios de comunicación.

Una de las primeras veces que abordé esta cuestión de manera significativa fue durante la estancia de ocho sesiones que realicé en el Instituto de Política y Servicio Público de la Universidad de Georgetown en 2018. Gracias a mis esclarecedoras conversaciones con los estudiantes de la Universidad de Georgetown, esta estancia se convirtió en el catalizador de este libro.

La trayectoria de Celinda

Crecí en Montana, en un rancho ganadero entre Livingston y Bozeman. Mi familia era una especie de moderados de la vieja escuela, más del tipo republicanos libertarios a diferencia de muchos de sus vecinos; siempre a favor del aborto, conservacionistas y siempre disponibles para los necesitados. Mis padres se mudaron de Nueva York a Montana tras la Segunda Guerra Mundial. Después de haber estado en la infantería en Normandía y en la Batalla de las Ardenas, mi padre pensó: "¿Que tan difícil puede ser salir hacia el Oeste?". Mi madre, que nunca había estado más allá de Pensilvania, era independiente y estaba dispuesta a vivir una aventura. En 1948 compraron un rancho en Montana, pero no tenían suficiente dinero para comprar ganado, una forma difícil de ganarse la vida. Mi padre aprendió ganadería mientras intentaba ayudar a otras personas a salvar sus rebaños en el horrible invierno del 48. En la cultura ranchera existían, y creo que siguen existiendo, dos poderosos principios éticos que giraban en torno al respeto y la confianza mutua.

El primero es que te ocuparas de tus propios asuntos. La gente no interfería. Hay una verdadera vena libertaria en Montana sobre no juzgar a los demás. El otro era ayudar a la gente, sobre todo cuando ocurría algo terrible. Cuando yo aún era muy joven, mi padre se rompió una pierna alimentando ganado y muchas personas acudieron en su ayuda.

Cuando una terrible tormenta de nieve azotaba el pueblo o un incendio quemaba un granero, la gente acudía al día siguiente. Nadie hacía preguntas ni juzgaba, simplemente iban a arrimar el hombro y ayudaban a reconstruir. La gente llevaba comida si alguien de la familia estaba enfermo o después de un nacimiento o un fallecimiento. Había una auténtica cultura de arrimar el hombro y ayudar.

Compartíamos línea de cerca con nuestros vecinos más recientes, y siempre hacíamos reparaciones conjuntas a las cercas. Fijábamos una fecha para que ambas familias trabajasen a lo largo de la cerca y la reparasen. Cuando era pequeña, creía que uno de nuestros vecinos no nos caía muy bien. Mi padre dijo en el desayuno: "Hoy tenemos que arreglar la cerca todos juntos".

Le dije: "Pensé que no nos caían bien esos vecinos".

Mi padre me dijo: "En primer lugar, no digas eso nunca. No está bien. En segundo lugar, que nos caigan bien no tiene nada que ver con lo demás. Trabajamos juntos para proteger nuestra cerca para cada uno de nuestros rebaños de ganado, y siempre vamos a ser educados y respetuosos. Siempre vas a referirte a nuestros vecinos como Sr. y Sra.".

Había una sensación muy arraigada de que compartías el éxito de todos. Que se podía trabajar en equipo, aunque discreparas en algunos puntos de vista. Necesitamos más de este sentido de cuidarse unos a otros, de ayudarse mutuamente a "arreglar las cercas", especialmente en tiempos de necesidad.

Mis padres creían firmemente en las buenas escuelas públicas, aunque ellos habían ido a escuelas privadas. Nos llevaban todos los días al otro lado del condado, al pueblo que creían que tenía las mejores escuelas. Desde muy pronto nos enseñaron a tener nuestras propias opiniones. Cada uno de ellos elegía un candidato diferente en las primarias republicanas, mientras que nosotros debíamos formar nuestras propias opiniones y respetar a las personas con puntos de vista diferentes.

Me hice encuestadora porque siempre me había gustado la política y fui miembro y funcionaria de la organización Republicanos Adolescentes. Elegí una universidad de mujeres porque, como mujer, me había enfrentado a puertas cerradas en la secundaria. Quería ser presidenta estudiantil, pero me dijeron que tenía que presentarme a secretaria, y gané. Vencía a los chicos y a las chicas del equipo de oratoria, pero la gente rehuía mi éxito en lugar de celebrarlo. Así que decidí que iría a una escuela que creara y apoyara a mujeres líderes. En 1971, cuando empecé en la Universidad Smith, el movimiento feminista y la guerra de Vietnam estaban en auge. El Movimiento de Mujeres contó con cierto apoyo republicano. Mi primera introducción a la polarización real fue la lucha entre los demócratas y la fiscal federal Phyllis Schlafly, quien hizo campaña en contra de añadir la Enmienda de Igualdad de Derechos a la Constitución de EE.UU.

La guerra de Vietnam también influyó en mi cambio de partido. Había asistido a una secundaria donde la mitad de la gente no fue a la universidad, lo que significaba que muchos eran llamados a filas para servir en Vietnam. El primer día en mi universidad, celebramos una manifestación en la que fuimos al aeropuerto cercano para protestar contra la guerra de Vietnam. Muchos estudiantes de la Costa Este gritaban a los jóvenes reclutas. Eran como los chicos con los que había ido a la secundaria. La mayoría no quería ir a Vietnam. Ese conjunto de contradicciones fue, en gran parte, lo que me hizo demócrata. También influyeron en mí los derechos de los consumidores, la responsabilidad empresarial, el Grupo de Investigación para el Interés Público y otros movimientos ciudadanos que iniciaba Ralph Nader, todos ellos muy populares en los campus universitarios. La política de base, la idea de llevar la voz del pueblo a Washington me atraía.

Durante mi año en Ginebra, decidí estudiar Derecho para convertirme en abogada de la Comisión de Igualdad de Oportunidades de Empleo de EE.UU. Sin embargo, en Ginebra conocí a unos estadounidenses expatriados que habían estudiado el comportamiento electoral internacional en la Universidad de Michigan. Como parte de sus estudios, investigaban el comportamiento electoral de los estadounidenses y las encuestas. Quedé absolutamente cautivada por sus discusiones y cambié de carrera, de pre-derecho a comportamiento político estadounidense. En la Universidad de Michigan, trabajé en los Estudios Electorales Nacionales, dedicados a poner sobre la mesa las voces de nuestros votantes.

Mientras cursaba estudios de posgrado en la Universidad de Michigan, decidí que lo dejaría cada dos años para participar en política. En 1982, terminé mi máster sobre la brecha de género y luego, antes de la tesis, escribí un estudio sobre las diferencias entre las campañas electorales de hombres y mujeres, consolidando pasión por la política progresista y las mujeres en la política.

En lugar de terminar mi doctorado, decidí meterme de lleno en política. Fui a Washington D.C. a trabajar en la campaña presidencial de Walter Mondale y Geraldine Ferraro en 1984 con el respetado encuestador Peter Hart. Fui al Capitolio a trabajar para Pat Williams, mi congresista de Montana. Tanto él como su esposa, Carol Williams, apoyaban firmemente el liderazgo femenino. Luego pasé a trabajar para un Comité de Acción Política bipartidista proelección, The Women's Campaign Fund (El Fondo de Campaña de las Mujeres). En 1989, me incorporé a la firma del encuestador Stan Greenberg. En 1995 fundé mi empresa, Lake Research Partners, con una compañera, Alysia Snell. Quería tener una empresa comprometida con el cambio, construida sobre las necesidades y los objetivos de las candidatas, las votantes y la gente de color. Quería dirigir una empresa progresista.

Un tema central de este libro para ambos es que no se puede tener respeto si no se empieza por la confianza, y no se puede tener esa confianza cuando la gente no aprecia las experiencias cotidianas de los demás. Esta asociación entre el hijo encuestador de una familia demócrata y la hija encuestadora de una familia republicana no es accidental. Curiosamente, tengo muchos amigos en mi red que dicen que no conocen un republicano, que no han conocido a ninguno en su vida y que, en general, no se fían de ellos. Si desconfiara de todos los republicanos, tendría que empezar por mi madre y mi padre, las personas a las que más he amado en el mundo.

Dónde estamos y hacia dónde podemos ir

En los últimos treinta años, nuestros clientes han sido candidatos presidenciales y presidentes en ejercicio, gobernadores, cientos de líderes del congreso y legisladores, y líderes del cambio de todas las tendencias. Estamos orgullosos del prestigioso "Premio al Servicio" con el que la Asociación Americana de Consultores Políticos nos honró en 2016 por nuestras encuestas Battleground.

Además de nuestra experiencia profesional y nuestro trabajo, también somos conciudadanos estadounidenses, parte de una comunidad, de una familia y de nuestros círculos de amigos. En cada uno de estos papeles, vemos por qué el actual clima de incivilidad nos perjudica a todos. En las últimas encuestas Battleground, hemos visto que los votantes sitúan cada vez más la "división en el país" entre los problemas más críticos a los que se enfrentan personalmente, al tiempo que se polarizan cada vez más sobre la dirección del país y muchos asuntos vitales.

No sorprende que todos los votantes sitúen la polarización política entre sus principales preocupaciones. Estas cifras de polarización significan que cada vez será más difícil abordar los problemas a los que nos enfrentamos como nación hasta que encontremos una forma de transigir, llegar a acuerdos, y mantenernos unidos en un firme punto intermedio. Para asegurarnos de que vamos en la dirección correcta, *todos* debemos asumir nuestra responsabilidad. Es fácil tener una opinión y expresarla, pero tenemos que hacer algo más que seguir quejándonos unos de otros.

Todos somos ciudadanos de este país que compartimos y junto con nuestros derechos garantizados vienen las responsabilidades. Todos debemos participar en la reconstrucción de una sociedad civil basada en el respeto mutuo. Nuestras voces tienen peso en nuestras familias, lugares de trabajo y comunidades. Nuestra conducta diaria puede servir de modelo de civismo. Podemos influir en el carácter de nuestro diálogo político con nuestras palabras, nuestros actos, nuestras agendas... y nuestros votos.

Con tantos factores perturbadores en nuestra contra ¿es posible una nueva era de civismo y respeto? Aunque no será fácil, creemos que sí es posible. Los jueces del Tribunal Supremo, Antonin Scalia y Ruth Bader Ginsburg, se mostraron profundamente respetuosos y cercanos en una improbable amistad entre dos de los jueces más influyentes en extremos opuestos del espectro político. Del mismo modo, John McCain y Joe Biden mantuvieron una cálida y respetuosa relación personal y profesional a pesar de sus diferencias ideológicas en muchos temas. En su panegírico en el funeral de John McCain, el 30 de agosto de 2018 en la Catedral Nacional de Washington, Joe Biden dijo: "John amaba los valores básicos, la imparcialidad, la honestidad, la dignidad, el respeto, no dar refugio al odio, no dejar a nadie atrás y comprender que los estadounidenses formaban parte de algo mucho más grande que nosotros mismos."[3]

Las circunstancias y los retos venideros cambiarán constantemente. Sin embargo, a pesar de esta caldeada época, no debemos perder lo fundamental. Los estadounidenses debemos velar por los intereses de los demás, ya que, como les demostraremos, nuestros intereses individuales redundan en el interés colectivo de nuestra amada nación en su conjunto

Capítulo 2

Cinismo: Muchos estadounidenses dudan que *haya* soluciones

Ahora que ya hemos examinado una de las causas fundamentales de la polarización entre los estadounidenses, debemos comprender por qué, como nación, nos hemos vuelto tan extremadamente cínicos. No nos equivoquemos: una profunda vena de cinismo recorre el tejido de la sociedad estadounidense. Nos estamos volviendo unos contra otros de formas nuevas y peligrosas. Nos miramos con desconfianza. Muchos ya no hablan con sus vecinos. Ya no tenemos fe en las instituciones (iglesias, universidades y entidades gubernamentales, entre otras entidades públicas) que han sido la base de nuestra comunidad durante tanto tiempo.

Nos hemos convertido en extraños los unos para los otros, ya que la desconfianza sustituye al respeto a cada paso. Dada la naturaleza corrosiva del cinismo, antes de que sea posible avanzar, debemos comprender qué elementos y factores lo hacen tan destructivo.

Retratar a un amplio segmento del público estadounidense como cínico puede parecer cínico, pero los datos refuerzan este fenómeno. La agencia Nacional de Estudios Electorales (ANES), cuya misión es "proporcionar a los investigadores una visión del mundo político a través de los ojos de los ciudadanos de a pie", es una colaboración entre la Universidad de Stanford y la Universidad de Michigan, con financiación de la Fundación Nacional para la Ciencia. Este grupo realiza una encuesta sobre la confianza en el Gobierno periódicamente. Tienen una métrica de "puntuación de confianza" que llega hasta un nivel máximo de confianza de 50. Esta puntuación alcanzó un máximo de 47 durante el apogeo de la presidencia de Reagan. En 2016, se desplomó a un mínimo histórico de 17, mientras que, en 2019, una encuesta de Pew Research reveló que solo el 42% de los estadounidenses creen que es posible que se den conversaciones civiles entre personas que defienden puntos de vista opuestos.[4]

¿Qué está llevando a los votantes estadounidenses a una mentalidad cínica? En primer lugar, es importante señalar que los votantes cínicos no son monoteístas, ni de talla única. Lo que tienen en común es la profunda frustración de sentir que sus problemas de la vida real no se resuelven. Muchos estadounidenses dudan que las soluciones provendrán de las instituciones, que alguien está velando por ellos, salvo las dos entidades en las que aún confían: los bomberos y el ejército.

Sostenemos que hay tres factores principales que llevan a los votantes estadounidenses a una mentalidad cínica. *Primero*: Esencialmente, los votantes son cínicos porque no se satisfacen sus necesidades. *Segundo*: Muchos estadounidenses consideran que nuestras más altas instituciones son corruptas y nos fallan cuando más las necesitamos. *Tercero*: Las soluciones políticas suelen crear nuevos problemas al intentar arreglar los existentes. Si juntamos estos tres factores, tenemos una situación tóxica que recompensa los peores aspectos de nuestra sociedad.

Uno de los objetivos de este libro es ofrecer formas de despertar lo mejor de nuestra naturaleza para disminuir el cinismo y aumentar la confianza entre los estadounidenses y nuestras instituciones. No pretendemos tener todas las respuestas. Aun así, esperamos presentar algunas soluciones que puedan ayudar a reposicionar a Estados Unidos como un lugar donde se puede confiar en los vecinos, criar los hijos tranquilamente y vivir libre y respetuosamente dentro de una nación de diferencias.

La amenaza del cinismo

El cinismo es un problema que tiene muchos niveles. Para empezar, un votante cínico es más fácilmente manipulable por la demagogia. Por desgracia, algunos políticos y medios de comunicación utilizan hábilmente este cinismo rampante para influir en nosotros y dividirnos. En ocasiones, los candidatos manipulan a los votantes exagerando amenazas meramente teóricas de grupos externos. No confiar los unos en los otros hace que estemos mucho más preparados para agredirnos. La frustración suele convertirse en ira que alimenta el cinismo. Los demagogos se alimentan de esa negatividad. Fueron los votantes cínicos quienes facilitaron en gran medida la elección de Donald Trump. La frase más común que escuchamos en apoyo a Trump fue "él habla por nosotros", especialmente en la América rural. A menudo no era así. Simplemente se limitó a aprovecharse del enfado y la frustración de los votantes, para luego echar leña al fuego de ese enfado y esa frustración. La campaña estaba vacía de soluciones, pero muchos votantes cínicos pensaban que sí hablaba en su nombre y eso era lo único que importaba para conseguir su voto.

Los humanos somos criaturas sociales que formamos redes y grupos de afinidad. Con el tiempo, estos grupos colectivos suelen facilitar las tendencias hacia el conformismo y el extremismo. Los miembros de un grupo son mucho más propensos a compartir información con aquellos miembros que apoyan sus creencias. La falta de diversidad en el pensamiento y el diálogo da lugar a un alejamiento mutuo y es justo ahí donde pueden producirse el diálogo civil y el compromiso. La consiguiente falta de compromiso hace que la desconfianza y la hostilidad hacia los grupos contrarios aumente.

Análisis de Ed del ilusorio proceso de resolución de problemas de fondo

Siempre me ha gustado considerarme optimista. Elijo ser optimista, lo que no siempre resulta fácil en el entorno político actual. Cuando me encuentro en una situación en la que se discute un tema polémico, suelo intentar suavizar la situación reconociendo los méritos de ambas partes. Como optimista, me duele ver cómo el cinismo está destrozando la vida que tanto nos ha costado crear a los estadounidenses. En una encuesta Battleground reciente, descubrimos que un angustioso 87% de nuestros conciudadanos está muy preocupado por la capacidad de nuestros líderes para resolver nuestros problemas más importantes.

La mayoría de los funcionarios electos del entorno político actual no comprende por qué el ciclo de los cuatro pasos de la resolución de problemas ha contribuido tanto al desarrollo del cinismo del votante actual. He aquí el bucle de las cuatro etapas de la resolución de problemas: 1) Hablamos del problema, 2) hablamos de soluciones, 3) implementamos soluciones, 4) esas soluciones crean nuevos problemas. Por desgracia, como nación hemos pasado por ese ciclo en tantas oportunidades que, la mayoría de las veces, nos enfrentamos a problemas creados por nuestras soluciones y no a los problemas de fondo a los que se enfrenta cada día el público estadounidense. Cuando los votantes ven que estos problemas persisten, año tras año, campaña tras campaña, su cinismo no hace sino aumentar.

Es interesante recordar cómo veían nuestros antepasados este problema inherente a la hora de debatir soluciones. Según cuenta la historia, en una conversación entre Thomas Jefferson y George Washington, a la vuelta de Jefferson de Francia tras haber estado fuera durante la Convención Constitucional, estaban tomando el té cuando

Jefferson preguntó por qué habían creado el Senado y la Cámara. Washington preguntó a Jefferson por qué vertía el té caliente en el platillo antes de beberlo. Cuando Jefferson respondió: "Para dejarlo enfriar", Washington supuestamente respondió: Para eso se creó el Senado: para verter nuestra legislación en el Senado y dejarla enfriar. Nuestros antepasados comprendían que necesitábamos hacer una pausa en esa tercera fase de resolución de problemas para asegurarnos de que no estábamos creando problemas más significantes que los que intentábamos resolver.

Podría dar docenas de ejemplos de cómo hemos pasado por este ciclo de resolución de problemas a lo largo de la historia. Pero antes, permítanme explicarles cómo he aprendido a compartir los datos de nuestras encuestas en El Grupo Tarrance. Cada encuesta no es sólo un conjunto de cifras, pues estas cifras cuentan una historia. ¿Cuáles son los puntos fuertes y débiles del candidato? ¿Cuáles son los temas que afectan más directamente a la vida cotidiana de los votantes? ¿Cómo son aceptadas o rechazadas las soluciones por los votantes? La historia de estas cifras combinadas describe la estrategia de la campaña.

Creo que una de las razones para contar la historia que hay detrás de las cifras viene de forma natural de algo que mi padre me enseñó sobre la cultura hawaiana llamado "Hablar de Historias", mientras nos trasladábamos de un estado a otro e incluso al extranjero. Hablar de Historias en Hawái es mucho más personal. Pueden ser varias anécdotas relacionadas con una lección o simplemente un final divertido. Es un concepto fantástico porque te hace detenerte y considerar a la persona que tienes delante como un ser humano vivo con deseos, esperanzas, sueños, éxitos y fracasos. Te hace relacionarte con las personas como individuos completos. Cuando se hace eso con las cifras de las encuestas, esas cifras cobran vida y ayudan al candidato y su campaña a conectar mejor con los votantes a los que pretenden representar. Sin duda es algo que necesitamos más en el entorno político actual.

Pero, de nuevo, podría dar docenas de ejemplos sobre cómo hemos pasado por este ciclo de resolución de problemas a lo largo de la historia. En los últimos años, uno de los mejores ejemplos es el "Obamacare", conocido oficialmente como "Ley de Cuidado de Salud Asequible". Cuando digo los últimos años, quizá debería decir más de una década, porque el Obamacare se promulgó en marzo de 2010, y republicanos y demócratas llevan peleándose por él desde entonces.

La Ley de Cuidado de Salud Asequible tenía tres objetivos principales, de acuerdo con Healthcare.gov: "poner un seguro médico asequible a disposición de más personas", "ampliar el programa Medicaid" y "promover métodos innovadores de prestación de asistencia médica diseñados para reducir los costes de la atención sanitaria."[5] Donde Obamacare se quedó corto en la última década fue en el ámbito de los costos. Mientras demócratas y republicanos peleaban en Washington sobre la existencia legal de Obamacare, había una premisa básica de la legislación que se contradecía en el pasaje final. Esa premisa era que los varones menores de treinta y cinco años empezarían a participar en el sistema sanitario y aportarían más dinero al sistema. Lo que se descubrió al analizar el sistema en aquel momento fue que muchos varones jóvenes (sobre todo blancos) no adquirían seguro médico. Al salir de casa, no participaban en el sistema sanitario porque a menudo no veían la necesidad.

La premisa era que su participación en el sistema sanitario ayudaría a compensar los costes generados por las personas mayores. Desgraciadamente, en la legislación se incluyeron dos cosas que socavan esa premisa básica. En primer lugar, una enmienda que permite a los hijos permanecer en el seguro médico de sus padres hasta los veintisiete años, la cual, aunque bienintencionada, socava la premisa original de conseguir que estos jóvenes adultos contribuyan al sistema sanitario.

En segundo lugar, las penalizaciones por no participar en el sistema sanitario eran mucho menores que los costes de participar, por lo que muchos de estos jóvenes votantes varones siguieron optando por no participar y limitarse a pagar la penalización.

Desde su punto de vista, Ed señala: "Ahora, una década después, nuestras campañas nacionales siguen yendo y viniendo sobre el tema. Los demócratas siguen enfrentándose a los resultados de prometer demasiado, los costes siguen siendo un problema para amplias franjas del público estadounidense y muchos no pueden "conservar a su médico". Los republicanos siguieron haciendo campaña contra Obamacare en su totalidad, tanto con el público como en los tribunales, en lugar de dar ese tercer paso de la resolución de problemas: ralentizar y buscar formas de mejorar. Mientras tanto, los votantes seguían mostrándose cada vez más cínicos, tanto sobre la cuestión de la salud como sobre Washington DC en general, así como acerca de la capacidad de nuestro gobierno para abordar los problemas de su vida cotidiana.

Celinda ofrece un análisis basado en datos

Ed es un hombre de historias; yo soy una mujer de datos. A veces, cuando los hombres llegan con sus ideas, me dan ganas de poner mis cifras sobre la mesa. Así que permítanme explicarles cómo veo este problema del cinismo de los votantes en términos de cifras. Una encuesta pública realizada por Pew Research sobre la Confianza en el Gobierno entre 1958 y 2021 mostró que la confianza del público en el gobierno se ha erosionado constantemente desde la década de 1960.[6] Sólo ha habido ligeras recuperaciones durante las administraciones de Reagan, Clinton y Bush, cuando la confianza en el gobierno se mantuvo consistentemente baja. El siguiente gráfico, extraído del Índice de Confianza en el Gobierno de la ANES de este año (2022), ilustra este descenso

Trust in Government Index
1958 -2016

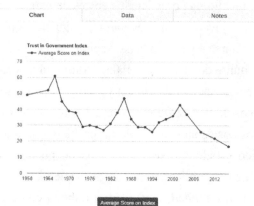

Cuando Ed y yo discrepamos, nuestras discusiones políticas suelen empezar por diferencias en lo que pensamos sobre los niveles de gasto y la mecánica entre los partidos políticos, no por nuestros valores y objetivos compartidos. Para mí, el signo más prometedor de nuestro regreso al centro es la unidad promovida por la nueva administración. En su discurso inaugural, Joe Biden dijo: "Podemos vernos no como adversarios, sino como vecinos. Podemos tratarnos unos a otros con dignidad y respeto".[7] Esperemos que el presidente Biden tenga razón, que *podamos* vernos unos a otros como vecinos, no como adversarios, y apreciar las experiencias cotidianas de cada uno como compatriotas.

Los agravios como armas

Todas las campañas políticas tienen dos objetivos principales. El primero es la necesidad de movilizar a sus probables partidarios para que vayan a votar. El segundo es persuadir a los indecisos para que voten por sus candidatos y los programas de su partido. Movilización significa decir a la gente por qué su voto es significativo y por qué deben votar. Es más fácil movilizar a alguien que probablemente ya esté de acuerdo contigo que convencer a alguien que esté inseguro. La gran información actual ha hecho que la movilización sea más sencilla, asequible y eficaz. En años anteriores, las movilizaciones de campaña consistían principalmente en ir hasta la casa de alguien, llamar a su puerta e instarle a votar. La tecnología ha facilitado mucho esta labor. Las campañas siempre disponen de recursos limitados, por lo que destinar más dinero a la movilización les permite obtener mejores resultados.

La cantidad de información personal que las campañas políticas tienen ahora sobre las personas es fuera de serie. Los políticos pueden trazar un perfil personal de cada votante inscrito. Pueden acceder a un perfil detallado y preciso de cada quien con base en la frecuencia con la que vota, su código postal, sus suscripciones a revistas, qué programas de televisión ve, sus hábitos en las redes sociales y sus clics en el ordenador. Antes, sólo podían hacerlo a nivel de barrio; ahora, puede hacerse a nivel de cada hogar individual. Con toda esta información sobre los votantes, se les ha facilitado encontrar personas a quienes lo necesitan.

Una vez más, las campañas hacen más hincapié en la movilización que en la persuasión, ya que se necesitan menos recursos para conseguir que alguien que está de acuerdo con algo se mueva. Donald Trump ganó en 2016 principalmente porque su equipo de campaña salió en búsqueda de "republicanos dormidos", aquellos que normalmente no votaban pero que estaban fervientemente de acuerdo con él. No eran votantes típicos, pero su equipo les convenció de que merecía la pena acudir a las urnas. Obama hizo lo mismo en 2008. Encontró a personas que no solían ir a votar pero que estaban predispuestas a apoyarle y las llevó a las urnas.

No estamos diciendo que centrarse principalmente en la movilización sea intrínsecamente la forma equivocada de conseguir que los votantes participen en la democracia, pero el cinismo y la polarización pueden aumentar si la ecuación se desequilibra hacia la movilización, especialmente si las campañas creen que pueden ganar sin hablar a los votantes indecisos en lugar de centrarse en su base. La movilización puede ser una estrategia increíblemente eficaz para ganar, pero los abismos que separan a los estadounidenses no hacen sino ahondarse si los candidatos no atraen a nadie más que a quienes ya están de acuerdo con ellos.

Ahora, las campañas han empezado a predicar principalmente al coro. Por eso Marjorie Taylor Greene, a quien muchos consideran una terrible voz de división, fue capaz de recaudar millones de dólares en poco tiempo, incluso después de haber sido despojada de su cargo en el comité tras promover teorías conspirativas y comentarios antisemitas. También es la razón por la que Donald Trump sorprendió al mundo con su victoria presidencial. No hablaba en nombre de la mayoría de los estadounidenses, pero movilizó a su base y fue increíblemente eficaz.

La movilización basada en cuestiones y sentimientos divisivos disminuye aún más nuestra fe en los demás y debilita las fuerzas que nos hacen estadounidenses. ¿Cómo podemos avanzar con confianza en la familia, la educación y nuestra capacidad para superarnos si no podemos ponernos de acuerdo sobre los resultados reales de las elecciones? Aun así, muchos republicanos siguen mostrándose escépticos sobre los resultados de las elecciones presidenciales de 2020. Una encuesta de Reuters/Ipsos de abril de 2021 reveló que el 55% de los republicanos cree que las elecciones presidenciales fueron "injustas o amañadas", mientras que el 60% piensa que las elecciones le fueron "robadas" a Donald Trump. Tradicionalmente, entre el 8% y el 14% de los votantes siempre se niegan a aceptar la legitimidad de las elecciones presidenciales. Esa cifra se disparó tras las elecciones presidenciales de 2020.[8]

La negativa del expresidente a aceptar su derrota es responsable del aumento considerable en el número de votantes cínicos que han perdido la fe en el proceso electoral. Las redes sociales y los medios de comunicación conservadores han servido para difundir desinformación. La cuestión de cara al futuro es el impacto a largo plazo en la participación de los votantes. Está claro que todo el escándalo poselectoral sobre el robo de las elecciones y que los votos republicanos no fueron contados condujo a la derrota de los dos senadores republicanos en el cargo, que se vieron abocados a una segunda vuelta electoral especial en Georgia tras las elecciones de noviembre. El constante bombo y platillo sobre el robo de las elecciones presidenciales, y sobre el hecho de que sus votos no contaran, suprimió la participación republicana, lo que permitió a los dos candidatos demócratas al Senado imponerse a sus oponentes republicanos. Esas derrotas hicieron que los republicanos perdieran el control del Senado.

El senador Mitt Romney ha sido una de las pocas voces republicanas de la razón y la reconciliación. Después de las elecciones presidenciales de 2020, dijo: "Mira, perdí en 2012. Hoy hay gente que me dice: "Oye, ¿sabes qué? Ganaste. Pero yo no. Perdí limpiamente. Difundir este tipo de rumores sobre el mal funcionamiento de nuestro sistema electoral es peligroso para la democracia aquí y en el extranjero".[9]

Una vez más, la desinformación masiva erosiona sistemáticamente la confianza del público y enfrenta a los grupos entre sí. Un trabajador de acería desempleado tiene más en común con un inmigrante trabajador que cualquiera de ellos con Donald Trump. Ninguno de ellos debe ser cínico con respecto a Estados Unidos, porque Estados Unidos puede funcionar para ambos cuando tiene sus ideales firmes.

La manipulación política (gerrymandering) aumenta el cinismo

La gente necesita saber que su voto cuenta para sentirse optimista sobre el sistema electoral estadounidense. Así es. Cada voz siempre ha importado. Pero un proceso conocido como "gerrymandering" (manipulación de las fronteras políticas para obtener votos a favor de los manipuladores) ha hecho que muchos se sientan privados de sus derechos, y poco ha ayudado la polémica retórica que rodea la cuestión para corregir esos sentimientos de privación de derechos.

La redistribución de distritos es un aspecto establecido y necesario de la democracia. Las poblaciones cambian con los años, por lo que hay que trazar nuevos límites de los distritos congresuales y legislativos estatales. En algunas situaciones, este proceso esencial y justificado para garantizar una representación adecuada, ha sido manipulado indebidamente, utilizado tanto por demócratas como por republicanos para fines políticos.

En las primarias, menos del 20% de los votantes inscritos acuden a las urnas, lo que a menudo concentra el poder hacia los extremos ideológicos de ambos partidos y lo aleja del centro. En esas elecciones primarias, esta clase de manipulación suele favorecer a los candidatos con ideologías extremistas frente a los más centristas. En otras palabras, los candidatos deben complacer a los elementos más radicales de extrema derecha y extrema izquierda de su electorado o arriesgarse a perder en las primarias. Es importante que los candidatos liberales o conservadores se vean en la necesidad de convencer a los votantes que están más hacia el centro de que ellos tienen las mejores soluciones. Como muchos legisladores estatales manipularon los distritos electorales para ponerlos en los bastiones de su partido, los candidatos a esas primarias se convirtieron a menudo en los ganadores de facto de las elecciones generales, lo que acrecentó aún más el sentimiento de privación de derechos de los votantes.

Basta con echar un vistazo a cualquier mapa del Congreso para darse cuenta de que necesitamos volver a dibujar los límites para que las primarias sean más competitivas. En 2018, en Carolina del Norte y Ohio, los candidatos demócratas obtuvieron entre el 48% y el 50% de los votos, pero solo ganaron el 25% de los escaños en esos estados debido a que los distritos se convirtieron en bastiones republicanos (en Carolina del Norte, para las elecciones de 2020, los tribunales obligaron al estado a redistribuir los distritos antes de las elecciones, y ese margen mejoró para los demócratas, quienes obtuvieron el 48%

de los votos y el 38% de los escaños en el Congreso). En Maryland, controlada por los demócratas, la mayoría de los escaños renovados se encontraban en distritos trazados por comisiones y tribunales, en lugar de por legislaturas estatales bipartidistas.

Los republicanos prefieren "empaquetar" minoritarios en distritos predominantemente negros o de minorías, al tiempo que mantienen los distritos republicanos en distinción. Los republicanos empezaron a centrarse en la creación de estos distritos minoritarios con la redistribución de distritos a partir del censo de 1990, coordinando a menudo estos esfuerzos con la comunidad negra. Los republicanos argumentaron que, al repartir los demócratas el voto negro entre varios distritos para reforzar el voto demócrata en esos distritos, no estaban obteniendo la representación que les correspondía en el Congreso. Este punto tiene cierto mérito. Tras la redistribución de distritos de 1980, sólo había diecinueve congresistas negros. Hoy, tras las elecciones de 2020, hay cincuenta y nueve Congresistas negros, lo que supone el 12,7% de la Cámara de Representantes de EE.UU. y coincide estrechamente con el Censo de 2020, según el cual el 12,4% de la población del país es negra.

Los demócratas argumentan que, al compactar los republicanos los votos de esas minorías, lo que se traduce en un aumento de la representación de su partido, privan de manera efectiva a esos votantes negros de su derecho al voto. En los tribunales se impugnaron con éxito los mapas de redistribución de distritos de Carolina del Norte porque privaban de sus derechos a los votantes pertenecientes a minorías, y el Tribunal Supremo confirmó la decisión del tribunal inferior.

Los demócratas pretenden "dividir" a los votantes de las minorías en diferentes distritos para dar al Partido Demócrata una ventaja electoral. Los votantes negros de Maryland se vieron injustamente perjudicados por unos mapas manipulados porque habían creado un escaño republicano adicional. A menudo, resulta políticamente conveniente "empaquetar" o "romper" las minorías. En cualquier caso, algunos argumentan que esto diluye el poder político de la gente de color.

El artículo 5 de la Ley de Derechos Civiles exigía a los estados con una historia de racismo sistémico obtener aprobación federal para cualquier plan de redistribución de distritos. En 2003, el Tribunal Supremo anuló el artículo 5 y abrió la caja de Pandora de la legislación Jim Crow y la manipulación política (mediante el llamado "gerrymandering"). Los grupos de ciudadanos y las organizaciones sin ánimo de lucro que desean impugnar los mapas manipulados, usualmente se ven obligados a incurrir en costes legales millonarios. Las tácticas dilatorias también son habituales (los legisladores utilizan los retrasos para aumentar el coste de los litigios mientras apuntalan su base de poder político).

Otra cuestión que afecta la redistribución de distritos se conoce como "trifectas". El fenómeno de la Trifecta se produce cuando un partido controla la gobernación, el Senado estatal y la Cámara de Representantes/Asamblea del Estado, es decir, un partido controla todo el proceso político. Tras las elecciones de 2010, los republicanos lograron una trifecta en doce nuevos estados para un total de veinte estados, mientras que los demócratas perdieron su trifecta en cinco estados, quedando con sólo once estados. El resultado neto en esos treinta y un estados que componían la trifecta en las elecciones de 2012 fue que los demócratas perdieron dieciséis escaños y los republicanos ganaron 132 nuevos escaños. La trifecta de un partido puede ser determinante en los estados en los que las asambleas legislativas y los gobernadores dominan el proceso de redistribución de distritos.

Se necesitan reformas que establezcan requisitos rigurosos para la redistribución de los distritos electorales. La creación de comisiones independientes que representen la composición étnica de los estados trazaría fronteras que garantizarían la representación de las minorías y una mayor competencia entre los candidatos. Las comunidades que comparten intereses comunes deben permanecer juntas en el mismo distrito.

Siete de cada diez votantes aprueban el uso de comisiones independientes para redibujar los límites de los distritos. Resulta alentador que muchos estados aprobaran, por amplios márgenes, leyes de reforma a la redistribución de distritos en 2018 y 2020. Hay que hacer más. Debemos aumentar la transparencia en el proceso de trazado de los distritos electorales. Los criterios se estandarizarían y las comisiones serían bipartidistas. El trazado de los mapas estaría sujeto a supervisión y revisión. Hay que poner fin a los días de tratos políticos de trastienda, y aunque costará esfuerzo, creemos que debe, puede y va a ocurrir.

El camino hacia el optimismo

El votante estadounidense *es* cínico. La tecnología y las campañas nos dividen. Muchas personas sienten que sus votos no cuentan y que nuestras instituciones nos fallan. *¿Qué hacemos en este punto?*

A lo largo de los últimos años, diversas organizaciones del mundo académico, religioso, empresarial y de la sociedad civil han ofrecido una amplia variedad de buenas prácticas, como el diálogo significativo con los demás y la implementación de cambios positivos en las comunidades locales.

Un ejemplo a nivel nacional de grupos interpartidistas que se unen para defender y reformar nuestra democracia es la Red América Unida, creada en octubre de 2021 en Austin (Texas). -Más de un centenar de filántropos y líderes se reunieron en ese primer encuentro y se comprometieron a trabajar juntos para proteger las elecciones, conseguir reformas y construir un movimiento positivo que refuerce la defensa de la democracia no partidista y aborde de forma bipartidista cuestiones controvertidas como la reforma electoral, el gerrymandering y las reformas en torno a las primarias.

El Instituto Tecnológico de Massachusetts (MIT) ha desarrollado su programa Red de Voces Locales (LVN) a nivel local. Esta plataforma de debate en línea amplifica las voces no escuchadas para fomentar la comprensión del público y promover un mejor desarrollo de las políticas. La LVN invita a la comunidad a compartir sus diversos puntos de vista a través de una serie de debates moderados y grabados, concebidos para avanzar en la comprensión de cuestiones a menudo espinosas. Este modelo de conversación constructiva invita a la gente a comprender su papel y su importancia dentro de los complejos problemas sociales, escuchándolo de voces locales, algunas con las que no están de acuerdo. Los que escuchan y aprenden pueden salir de la "cámara de eco" de los programas informativos y los algoritmos de las redes sociales e interactuar cómodamente con aquellos que tienen opiniones opuestas. Este tipo de humanización del discurso político puede ser una poderosa herramienta para fomentar el civismo.

Escuchar activamente y aprender de otros tiene un enorme poder para el bien, y una forma de establecer normas para un discurso respetuoso es unirse a grupos locales. Todos podemos avanzar en nuestra vida cotidiana mediante acciones positivas, valores y contribuciones a nuestras comunidades. Un buen ejemplo de la experiencia de Celinda en este tipo de diálogos es el de Tom Cosgrove, un progresista que realizó un documental para PBS titulado "Divididos Caemos: Unidad sin tragedia". En él, se presenta una diversa muestra representativa de estadounidenses que se unen para entablar un discurso civil. El documental muestra a miembros de la Generación X y millennials de izquierdas y derechas trabajando para ver las perspectivas de los demás y llegar a un entendimiento común. La película contrasta lo que Arthur C. Brooks ha denominado nuestra "cultura del desprecio", ya que los dos grupos se reúnen para debatir lo que significa ser estadounidense, lo que nos divide y cómo tender puentes.[10]

Estos son algunos antídotos optimistas para combatir el cinismo. Cuando buscamos soluciones a nuestros acuciantes problemas, deberíamos mirar más hacia la próxima generación que hacia el próximo ciclo electoral. Los oficiales electos optan muy frecuentemente por respuestas provisionales a corto plazo para apaciguar a sus bases en lugar de plantear soluciones a largo plazo.

Otras señales positivas proceden de grupos como el Problem Solvers Caucus (Asamblea de Solucionadores de Problemas), un grupo de congresistas republicanos y demócratas que buscan soluciones bipartidistas para acabar con el actual bloqueo partidista en la capital de nuestro país. Otro signo de visión de futuro puede encontrarse en las campañas políticas que se centran en los "votantes de soluciones". El votante de soluciones es aquella persona optimista que cree que las soluciones prácticas pueden resolver nuestros problemas. Esta comunidad de votantes, comprometida e informada, valora el sentido práctico sobre el dogma y el compromiso sobre la confrontación. Los votantes orientados a las soluciones están dispuestos a cruzar las líneas conservadoras y liberales en diversas posiciones. Actúan como una fuerza moderadora entre liberales acérrimos y conservadores inamovibles en muchas cuestiones, desde la inmigración hasta la reforma de la justicia penal.

Los votantes de soluciones son mayoritariamente mujeres, profesionales universitarios, demócratas y menores de cincuenta años. Estos votantes son más propensos a elegir las soluciones sobre la ideología. Sus decisiones electorales están motivadas por la posición de un candidato sobre un tema concreto, más que por su afiliación a un partido o una ideología. Otra señal alentadora: las encuestas nos muestran que alrededor de un tercio de los republicanos están orientados hacia las soluciones.

En ambos partidos, los votantes orientados a las soluciones son más optimistas que los orientados a las ideologías, pues creen que las cuestiones polémicas, como el acceso a los servicios de salud, tienen solución. Sin ataduras ideológicas, pueden moverse libremente entre posiciones conservadoras y liberales; asimismo, están más abiertos a ideas de cualquier parte del espectro político. Cuando los líderes ofrecen soluciones en las que se puede creer, traspasan las líneas partidistas, superando el cinismo y restaurando la confianza. La confianza es esencial para el respeto, y el respeto es la base que necesitamos, debe serlo. Antes de poder alcanzar aquellos objetivos críticos y meritorios, tenemos que adentrarnos aún más en la maleza. Analicemos los incentivos que actualmente nos mantienen tan gravemente divididos.

Capítulo 3

Polarización: Una inmersión profunda en la gran división

L a historia de Kristina Wilfore es un ejemplo bastante común de cómo se ve la polarización en muchas familias hoy en día. Así lo relató cuando nos sentamos a hablar de estos temas en el verano de 2021: "Estaba visitando a mi familia por primera vez desde el COVID-19 y estaba muy emocionada, hasta que la conversación se volvió extremadamente divisiva y dolorosa. Creo que mi padre se ha radicalizado, y mi hermana y yo hemos estado en guerra con él desde las elecciones. Nuestro padre es cristiano evangélico y muy conservador, así que ciertamente estamos en caminos ideológicos diferentes. Dado que mi cuñado es latino, mi marido es musulmán y mi padre tiene cuatro nietos adoptados de China, nuestra dinámica familiar debe priorizar la comprensión respecto de un orgulloso cristiano practicante. A pesar de ello, mi padre no se da cuenta de la desinformación contra musulmanes, chinos y demás".

"Siempre he creído que es un buen hombre", dijo Kristina, "pero ahora es un hombre al que solía respetar. La tensión que mi hermana y yo teníamos con mi padre llegó a su clímax tras las elecciones, cuando tuvimos que decir: "Ya basta". Toleramos su sistema de creencias durante años, aunque nos hiciera daño. Hubo veces que le dijimos que nos dolía. Ahora, su negativa a aceptar los resultados de las elecciones ha cruzado un límite inaceptable".

Kristina, una de las mejores amigas y colegas de Celinda, es una consultora política internacional que ayuda a aumentar la participación en los partidos y la política. Trabaja con líderes políticos y ONGs de Estados Unidos, Europa, África y Oriente Medio. Fue la primera directora ejecutiva del Ballot Initiative Strategy Center (Centro de Estrategia Iniciativa Electoral), galardonado con el premio "The Most Valuable Think Tank (El Grupo de Expertos Más Valioso)" por la revista The Nation (La Nación) en 2009. Actualmente trabaja en un esfuerzo a gran escala en Estados Unidos para responder a la desinformación y comprender su impacto en las elecciones de 2020. En el extranjero, ha trabajado contra el tipo de líderes autoritarios que pueden surgir donde convergen la división, la desconfianza, la inacción y el cinismo.

En esta reveladora conversación, Kristina suspiró, respiró hondo y continuó expresando sus profundos sentimientos sobre el tema en cuestión. "La cuestión de la polarización me resulta muy interesante", dijo. "Me remito a ti, Celinda, y a Ed para que nos informen sobre lo que nos dicen las encuestas de opinión pública. Pero rechazo la idea que tienen algunos de que estamos demasiado divididos para unirnos. Desde el principio de la sociedad, ha habido polarización porque las diferencias de opinión se basan en la experiencia y en puntos de vista. Tu manera de ver el mundo no debería ser un obstáculo para reconciliar diferencias. Debería haber una manera de discrepar sin que todo se vaya al extremo y sin que haya una alta probabilidad de violencia (que no trae ninguna ganancia). En parte nos encontramos en esa situación debido a la desinformación y a los sistemas de información conducidos por la tecnología, los cuales están guiando gran parte del diálogo."

Kristina tiene razón en que la polarización no es nueva. La división primaria sobre el papel del gobierno ha resonado a lo largo de los tiempos. Nuestros brillantes Padres Fundadores acordaron crear la República Federal sobre la base de una constitución. Su única y marcada diferencia de opinión se centraba en cuanto poder debería tener el gobierno federal.

Lo ideal sería que, con determinación, se pudieran seguir salvando las distancias entre estas dos filosofías opuestas. Una República que funcione bien se caracterizaría por discusiones y debates abiertos en los que las personas pudieran comprenderse mutuamente y alcanzar compromisos viables. Sin embargo, el entorno político actual dista mucho de ser ideal, y lo que pasa por compromiso es la obstinada insistencia en "¡hacerlo a mi manera!".

La polarización tóxica está causando estragos en la política y en nuestras vidas. Muchos estadounidenses ven las diferencias de opinión en política como un ataque a su modo de vida. Reacios a la transigencia, denigran del otro bando como una grave amenaza para sus creencias personales, sus grupos y la imagen que tienen de "su" Estados Unidos. La afiliación a un partido se ha convertido en una parte importante de la identidad de muchos estadounidenses. El discurso cortés y respetuoso, en el que nos escuchamos y aprendemos unos de otros, se ha quedado en la orilla del camino.

La incivilidad, la falta de respeto y la desconfianza han pasado de nuestros debates públicos a nuestras conversaciones privadas. Como vimos en la situación de Kristina, la política actual ha adquirido para algunos un fervor casi religioso. En estos casos, la moralidad de la propia posición no deja lugar a que la oposición sea otra cosa que inmoral. Esta actitud conduce al desprecio, al miedo y a la demonización de los adversarios. En cierto modo, la polarización actual recuerda la gran división que se gestó antes de la Guerra Civil, ya que pone a prueba amistades y separa familias.

Los representantes electos reflejan a menudo esta división entre sus electores. Muchos de ellos ya no miran al otro lado del pasillo para tender puentes y llegar a un terreno común. A menudo, esto nos lleva a un punto muerto, en el que se hace poco para avanzar en las cuestiones fundamentales que hemos tratado en los capítulos anteriores.

En el fondo, la mayoría de los estadounidenses quieren las mismas cosas básicas: una buena escuela para sus hijos, la posibilidad de comprar una casa, un salario decente y la oportunidad de disfrutar de su vida con sus seres queridos con seguridad y en paz. Curiosamente, el porcentaje de votantes estadounidenses que se definen como "políticamente moderado" se ha mantenido firme durante décadas. Lo mismo sucede con los "centristas": se dicen conservadores o liberales, pero no forman parte de las ideologías de extrema izquierda o extrema derecha que se definen a sí mismos como "muy" conservadores o "muy" liberales y son mucho más ruidosos con sus opiniones. ¿Puede movilizarse este centro, en gran medida silencioso, para acabar con el estancamiento de Washington? Si elegimos el tipo de líderes dispuestos a respetar las opiniones divergentes y a buscar cambios que beneficien a todos, creemos que sí. Para buscar formas de ayudar a superar estos retos, primero tenemos que analizar cómo y por qué la política estadounidense y, en consecuencia, el público estadounidense en general, han terminado en esta grave situación. Jenny Eck, líder de la minoría progresista en la Legislatura del Estado de Montana, siempre dice: "Transigir no significa ceder". Lo puso en práctica para lograr un consenso bipartidista en torno a la legislación sobre acoso sexual.

¿Cómo llegamos a este punto?

Thomas Carothers y Andrew O'Donohue, becarios de la Fundación Carnegie para la Paz Nacional, creen que la polarización actual de Estados Unidos es el resultado de tres grandes divisiones identitarias:

étnica, religiosa e ideológica. Distinguen que, en países como Kenia y Ruanda, la polarización procede de la intensa competencia entre grupos étnicos, mientras que las fracturas se producen por motivos religiosos en países como India y Sri Lanka. Pero aquí en Estados Unidos, sostienen, los *tres* factores están en juego. Así pues, afirman, nuestras singulares diferencias en los ámbitos de la religión, la raza y la ideología hace que nuestra polarización sea virulenta.

Otra forma de ver nuestra polarización la ofrece el profesor jubilado Robert Cushing y el periodista Bill Bishop. En 2008, acuñaron el término "La Gran Clasificación". En su libro del mismo nombre, expresan su creencia de que los estadounidenses nos "clasificamos" deliberadamente en grupos homogéneos al mudarnos a barrios en los que estamos rodeados de personas que se ven, piensan y suenan como nosotros. Esta agrupación, dicen, hace que las personas que ya tienen puntos de vista similares sean aún *más* afines.

Un estudio publicado en 2016 *en Los Anales de la Asociación Estadounidense de Geógrafos* por los coautores Ron Johnston, David Manley y Kelvyn Jones analiza cómo "La Gran Clasificación" ha seguido desarrollándose desde 2008. Como señalaron estos autores, "existen pruebas claras de una importante polarización espacial del apoyo a los dos principales partidos políticos del país en las recientes elecciones presidenciales. La gente que suele votar de cierta manera, suele estar agrupada. De este modo, aumenta el agrupamiento y la consecuencia es una mayor polarización en los patrones de voto".[11]

Los estadounidenses nos *estamos* "clasificando" de formas que van mucho más allá de dónde elegimos vivir: Nos aislamos en Internet y a través de los medios de comunicación que consumimos. Facebook y Twitter nos muestran que la gente prefiere a quienes tienen puntos de vista similares, a la vez que ya *no* quiere recibir influencia de otras perspectivas. Es un hecho que la mayoría de nosotros escucha las noticias de fuentes sesgadas para favorecer nuestra cosmovisión.

Esta "clasificación" también conduce a la uniformidad en temas clave. Por ejemplo, es probable que pocos votantes sean a la vez pro-vida y pro-inmigración. Cuando los votantes se dividen en bandos ideológicos, son menos tolerantes con los grupos divergentes o competidores, lo cual aumenta la tensión social, creando una mentalidad de "nosotros contra ellos" que nos aleja de los temas económicos, educativos y familiares fundamentales que requieren atención. Ésta debería ser una de las preocupaciones más inmediatas de los estadounidenses.

Dónde estás en "la fila"

Como hemos dicho antes, la cuestión candente en la política estadounidense a lo largo de las décadas ha sido la misma a la que se enfrentaron en su momento los Padres Fundadores: ¿Cuál debe ser el papel del gobierno? ¿Debe el gobierno desempeñar un papel limitado en nuestras vidas o un papel más expansivo para contrarrestar los intereses particulares y proteger los derechos de todos los individuos? Curiosamente, nuestro colega Mo Elleithee ve nuestra división de una forma algo diferente. A menudo comenta públicamente su creencia, con la que coincidimos de corazón, de que el paradigma ha pasado de "¿Eres de izquierda o de derecha?", o incluso "¿Eres liberal o conservador?", a la metáfora de una fila hipotética. Para él, la verdadera pregunta que se *hace* la gente hoy es: "¿Estoy al principio o al final de la fila?". Para Mo, la fila refleja la gran cantidad de personas que sienten que el terreno de juego no está nivelado y que, por mucho que se esfuercen, se enfrentan constantemente a obstáculos económicos y sociales que les frenan. También, demuestra que sólo puede haber confianza generalizada en nuestras instituciones y en los demás cuando la gente siente que se le trata con equidad y justicia. Lo fascinante de la forma de describir la capacidad de una persona o grupo de ser vistos y escuchados es que *todos* sienten, de alguna manera, que ellos, o su comunidad, son los que están atascados al final, y que los que están delante y sus líderes están ayudando a todos menos a ellos. Las personas de las zonas rurales nos dicen que se sienten dejados de lado por las élites liberales de la Costa Este que "claramente no se preocupan por nosotros". Los liberales universitarios de las grandes ciudades nos dicen que la avaricia de las empresas y la deuda de los préstamos estudiantiles, entre otros factores, les impiden vivir su Sueño Americano. Si, en realidad, *todo el mundo* siente que está muy atrás y que no hay "justicia" para ellos, no es de extrañar que haya tanta gente con tan poco interés en encontrar un terreno común.

Como lo dijo Mo en el Prólogo, y como seguimos enfatizando mediante detalles concretos de la historia reciente, la falta de confianza en nuestras instituciones es en gran medida responsable de la polarización actual.

Señala que el lema de Obama en 2008, "esperanza y cambio", iba dirigido contra el daño causado a los estadounidenses promedio por intereses particulares. Un año después, en 2009, surgieron el Partido del Té (Tea Party en inglés) y el Movimiento Toma de Wall Street, con el Tea Party yendo por Washington y el Movimiento Occupy yendo por Wall Street.

Nos lo dicen las encuestas

Los datos de una de nuestras Encuestas Battleground del 2021 ponen de manifiesto el nivel de polarización al que hemos llegado. Realizada en los primeros días de la administración Biden, muestra que, en aquel momento, la mayoría (56%) de los votantes pensaba que el país iba por mal camino, incluyendo nueve de cada diez republicanos (90%). A su vez, el 73% de los demócratas consideraba que el país iba en la dirección *correcta*. Para junio de 2021, el Presidente Biden gozaba de una *aprobación* casi universal entre los demócratas (96%), mientras que el 90% de los republicanos desaprobaba su trabajo. Además, el 85% de los votantes demócratas encuestados aprobaba a su diputado demócrata. Por su parte, una mayoría algo menor (55%) de republicanos apoyaba a sus congresistas republicanos.[12]

Una de las opciones que hemos dado a los sujetos en nuestras encuestas para calificar el rendimiento general es puntuar el liderazgo desde el nivel más bajo de "excelencia", es decir, desde el 1% hasta lo máximo, el 100%. Entre los republicanos, el presidente Biden obtuvo una exigua puntuación de "excelencia" del 2%, mientras que el expresidente Trump obtuvo una puntuación de " excelencia" del 37%. No es de extrañar que entre los demócratas se observara casi exactamente lo contrario: la puntuación de "excelencia" del presidente Biden fue del 47%, mientras que el Presidente Trump recibió una puntuación de "excelencia" de apenas 2%.

En otra encuesta Battleground conjunta que realizamos, presentamos a los votantes nueve cuestiones clave que abarcan todo el espectro político. Entre ellos, los impuestos, la salud, la inmigración, las relaciones raciales y demás. A la pregunta sobre quien pensaban que gestionarían mejor cada una de estas cuestiones, los demócratas o los republicanos en el Congreso, el sorprendente resultado fue que el 41% del electorado, incluido el 78% de los demócratas, opinó que el Partido Republicano en el Congreso no podría hacer un mejor trabajo en *ninguna* de las cuestiones. Al otro lado del espectro político, el 35% del electorado, incluido el 70% de los republicanos, dijo que los demócratas en el Congreso no eran mejores a la hora de resolver ninguno de aquellos problemas. En otras palabras, grandes mayorías de votantes, tanto del Partido Demócrata como del Republicano, creen que el partido de la oposición es incapaz de gestionar mejor tan siquiera uno de estos nueve temas clave. Estos datos muestran dramáticamente que estamos en desacuerdo en prácticamente *todos* los temas críticos del país.

Datos desde los grupos focales

En mayo de 2021, realizamos dos grupos focales en Zoom con votantes independientes en catorce estados "disputados", es decir, aquellos en los que las elecciones podrían decantarse a favor de un candidato demócrata o republicano. Un grupo focal estaba compuesto por mujeres independientes que votaron por Biden, *pero* que a su vez votaron por Trump en 2016, o cuyas parejas votaron por Trump en 2020. El otro grupo consistía en votantes independientes mayores, hombres y mujeres, que votaron por Trump en 2020 pero se sentían (en mayor o menor grado) algo inseguros sobre su elección. Curiosamente, el grupo de mujeres llevó inmediatamente la conversación al COVID-19 antes de que pasara a la política, como la mujer que se sentía avergonzada por llevar una mascarilla en una tienda de abarrotes. El COVID-19 no ha hecho sino profundizar y ampliar la polarización, tema que trataremos en detalle en un capítulo posterior.

Estos votantes consideraban que el Partido Republicano estaba en crisis y más dividido que el Partido Demócrata. Al mismo tiempo, veían a *ambos* partidos como divisivos y principalmente interesados en el poder. Denunciaron la falta de avances en Washington DC, que atribuyeron en gran parte a un comportamiento político y un diálogo entre líderes políticos cada vez más toscos e irrespetuosos.

Varios votantes independientes encuestados sugirieron que Biden podría ser parte de la solución a algunas de las divisiones que veían en el gobierno y el país, mientras que otros se mostraron en desacuerdo. Algunos votantes vieron la división en el gobierno reflejada en divisiones similares en sus propios hogares y lugares de trabajo (como la experiencia de Kristina Wilfore con su padre) y admitieron haber tenido que establecer normas para no hablar de política con sus familias para evitar conflictos.

Cuando se preguntó a los votantes si preferían tener líderes que intentaran transigir para alcanzar acuerdos, frente a los que se mantuvieran firmes en sus valores, nuestros encuestados tuvieron dificultades para responder esta pregunta. Muchos se conformaron con decir que buscaban líderes que supieran cuándo transigir y cuándo seguir defendiendo sus creencias. Entre los temas considerados para "transigir" figuraban el gasto en infraestructura, mientras que entre los temas para "mantenerse firmes" figuraban el aborto y la salud. La mitad de los votantes independientes que votaron por Biden estaban divididos sobre qué partido era más civilizado, pero en general creían que la división procedía de ambos lados del pasillo. Esto es lo que dijeron algunos de esos votantes independientes:

Los republicanos rechazan automáticamente cualquier cosa que quieran los demócratas. Y creo que los demócratas están más abiertos a escuchar, más abiertos a dialogar (Mujer independiente)

Aunque puede estar principalmente en un lado... Se necesitan dos para bailar (Adulto mayor independiente)

Estos votantes independientes culparon a los líderes de todo el espectro político de la falta de civismo en el gobierno y en el país.

Los votantes tendieron a culpar al partido contrario de su candidato del aumento de la incivilidad.

Miremos esto, por ejemplo:

Sí [los liberales contribuyen a la falta de civismo]. La razón, sí, todas sus acciones, no es sólo una. Todas esas acciones de su parte están contribuyendo al caos. (Adulto mayor independiente)

Sin que se lo pidieran, este grupo introdujo al debate tanto la "cultura de la cancelación" como la ambivalencia sobre lo que constituye la corrección política. Estos votantes, especialmente los partidarios de Trump y los votantes de más edad, estaban especialmente preocupados por cómo la "cultura de la cancelación" contribuye a la división. Hubo consenso entre los votantes de Trump en que la vuelta a las conversaciones civilizadas era esencial para debatir perspectivas y creencias sin miedo a ser avergonzados. Aun así, estos votantes sentían que la cultura de la cancelación era un factor clave que impedía que se produjeran tales conversaciones abiertas. Consideraban que esto dificultaba el camino de vuelta a la unidad y el respeto mutuo.

A continuación, se exponen algunas de sus reflexiones:

Es gracioso porque no puedes decir nada. Es casi como si debieras tener la misma voz que la izquierda. Tienes que tener la misma voz o si no estás equivocado (Adulto mayor independiente)

A veces tengo la sensación de que me están quitando mis derechos y que alguien más tiene el control de nuestros derechos (Adulto mayor independiente)

Se hace casi imposible poder mantener una conversación con alguien porque inmediatamente piensan: estás en mi contra o eres racista. (Adulto mayor independiente)

Creo que es toda una cultura. Creo que cada tema que surge va sobre la misma línea todas las veces. Hay que averiguar ¿estás a favor o en contra? ¿Eres esto o aquello? Es un extremo (Mujer independiente)

Cuando surgió el tema de la violencia en estos grupos de discusión, mostraron sentimientos encontrados sobre su nivel de preocupación y la dirección de la que procedía la violencia. Los votantes de Trump se mostraron aprensivos ante la violencia de los liberales. Consideraban que mientras las acciones de algunos grupos (por ejemplo, los alborotadores del 6 de enero) sufrían consecuencias legales, otros que, para ellos, también habían cometido actos de violencia (por ejemplo, los manifestantes de Black Lives Matter) se estaban "saliendo con la suya" al ser considerados "manifestantes pacíficos". Sus reflexiones a continuación muestran sus profundas divisiones:

> *Los liberales vienen y dicen "eso no es un disturbio".* *"Sólo fue una protesta pacífica", pero están robando. Hay fotos.* (Adulto mayor independiente)

> *Creo que Minneapolis es un ejemplo perfecto de todo lo que está pasando. Es decir, Minneapolis nunca volverá a ser la misma de antes* (Adulto mayor independiente)

En este grupo de discusión, los independientes que votaron por Biden mostraron más consenso en que la violencia procedía de los conservadores o en que ambos bandos eran culpables. Estos votantes hicieron referencia a la violencia en Minneapolis (donde vivía uno de los participantes), pero estaban mucho más preocupados por la insurrección del 6 de enero. Los votantes de este grupo también consideraron que la violencia no era nada nuevo, pero que se estaba prestando más atención a la violencia reciente gracias a los avances tecnológicos de las redes sociales.

Sus respuestas son esclarecedoras:

> *No creo que sea cosa de partidos. Creo que eso es cosa de la gente. Creo que siempre habrá un grupo violento. Creo que ese grupo cambia dependiendo de la atmosfera. Pero creo que siempre hay riesgo de violencia.* (Mujer independiente)

Piensa en los derechos civiles en los años sesenta: cuánta violencia hubo entonces. Lo que quiero decir es que ha habido violencia en todo momento sobre un montón de cosas diferentes. (Mujer independiente)

Hubo unos locos que trajeron andamios para colgar a Mike Pence (Mujer Independiente).

Entre todos los votantes, existía cierta preocupación por una posible guerra civil. Aunque los votantes no creen que una guerra civil sea inminente, no la descartan como algo imposible. Los votantes de Biden se refirieron a la insurrección como ejemplo de por qué pensaban que una guerra civil era una posibilidad clara. Sin embargo, no hicieron referencia a la insurrección al abordar una posible guerra civil en el grupo de Trump.

Creo que la gente tiene un límite. Es decir, mientras ocurre, te dicen lo que tienes que decir o lo que puedes decir, ese tipo de cosas. Simplemente no creo que la gente vaya a soportarlo mucho tiempo. (Adulto mayor independiente)

Creo que puede llegar a ese punto. Puede que no sea hoy, mañana, o puede que ni siquiera en nuestra vida. Pero podría llegar a ese punto. Ha ocurrido antes.
(Mujer independiente)

Espero que no, pero existe la posibilidad, después de la insurrección. (Mujer independiente)

Parece que ciertas personas en el gobierno están condonando la violencia y afirmando que es pacífica. Realmente es... Todos los disturbios en Portland, Seattle, Minneapolis...

Los liberales vienen y dicen "eso no es un disturbio". Es
obvio que lo consienten para salirse con la suya
(Senior Independiente).

Sabes, es gracioso porque incluso en Columbus - las
cosas que han sucedido en Columbus - ni siquiera somos
una ciudad tan grande, y somos conocidos por ser muy
diversos. Es una especie de crisol de razas, pero al mismo
tiempo hemos tenido disturbios en el centro. Te dan ganas
de... tenemos líderes, políticos que quieren desfinanciar a la
policía, cosa que no entiendo. (Adulto mayor independiente)

Ambos grupos coincidieron en que querían que los políticos se
mantuvieran firmes en algunas cuestiones y transigieran en otras.

Tenemos que llegar a un acuerdo sobre los proyectos de
ley. Tiene que haber trabajo bipartidista conjunto para
lograr el mejor presupuesto, los mejores proyectos de
ley, lo mejor de todo que le sirva a la mayoría de la gente
(Adulto mayor independiente)

Tanto los republicanos centristas como los demócratas dicen que quieren unirse, pero la mayoría de los votantes de ambos bandos no lo ven así cuando se les pregunta directamente. Creemos que parte del problema radica en que lo que la gente siente por sus oponentes suele ser una versión exagerada de la realidad, ya que tendemos a pensar que la otra parte nos odia y discrepa de nosotros mucho más de lo que en realidad lo hace.

Formas de Avanzar

Los votantes están dando muestras de estar cansados de esta desagradable situación. Quieren ver más de aquello que nuestros líderes apoyan, no de aquello de lo que están en contra. Esta actitud optimista de los votantes debería animar a los políticos a recibir una nueva era de civismo y respeto con los brazos abiertos. Necesitamos urgentemente una estrategia política que ofrezca a los votantes las dos cosas principales que desean: unidad y soluciones. Como dice nuestro colega Mo Elleithee: "Mientras los líderes del Congreso de ambos partidos debaten sobre el bipartidismo y la importancia del compromiso y la transigencia, los votantes de ambos partidos lo tienen muy claro, y esperan y exigen resultados. En una competencia entre resultados y pureza ideológica, simplemente no hay competencia".

¿Cómo conseguimos resultados? En primer lugar, debemos reconocer que las conexiones y líneas de comunicación básicas entre demócratas y republicanos se han roto. Es claro que los legisladores deben retomar el dialogo en lugar de pelear incesantemente en las redes sociales y las cámaras del Congreso. Hoy en día, es raro ver a los legisladores socializar después del trabajo o incluso comiendo juntos en la cafetería del Capitolio, como solían hacerlo. Los actuales equivocados intentos de reforma de la financiación de las campañas han llevado a proscribir que grupos con intereses particulares patrocinen salidas para oficiales electos y otros líderes en un entorno no partidista. Las negociaciones equitativas entre personas que han compartido la mesa han sido sustituidas por terquedad y señalamientos. Es más difícil vilipendiar a alguien con quien se ha cenado la noche anterior o alguien con quien se ha trabajado en un tema social o político importante.

Demócratas y republicanos han demostrado que pueden trabajar juntos en intereses compartidos. En un caso, ambos partidos trabajaron en la legislación para mejorar la calidad de los hogares de acogida. Los dos copatrocinadores de esa legislación fueron Tom Delay, un republicano conservador de Texas, que tiene niños de acogida, y Hillary Clinton cuando era senadora demócrata, pero ha corrido mucha agua bajo el puente desde entonces. Encontrar formas de interactuar y buscar intereses humanos comunes ayudará a disminuir la polarización.

Hace años, las apretadas agendas y las largas semanas en DC mantenían a los miembros del Congreso mucho más tiempo en Washington que en casa. En muchos casos, trasladaban a sus familias a Washington. Cuando entrenaba baloncesto y béisbol, en mis equipos había dos o tres hijos de políticos. Habría un demócrata y un republicano, quienes iban juntos a animar a sus hijos. Eso ha cambiado por completo. Hoy en día hay poca o ninguna interacción familiar.

Cuando Newt Gingrich acortó la semana laboral en Washington, los miembros no tenían que volver hasta el lunes por la noche y podían irse el jueves por la noche. El nuevo horario obligaba a concentrar toda la recaudación de fondos en DC en las noches de los martes, miércoles y jueves. Trabajaban todo el día y recaudaban fondos toda la noche, por lo que tener a la familia sentada esperando a que volvieran a casa a altas horas de la noche no tenía sentido, lo cual causó que sus familias ya no se mudaran a Washington DC.

En aquel momento, el presidente de la Cámara de Representantes, Newt Gingrich, explicó que pretendía que los políticos tuvieran más tiempo en casa para hacer campaña, recaudar fondos y, lo que es más importante, estar más en contacto con sus electores. Tener la familia en casa, en el distrito electoral, tenía más sentido. Sin embargo, la estrategia resultó contraproducente, ya que se perdió la sana unión bipartidista. Otra desavenencia se produjo cuando se prohibieron las conferencias en las que demócratas y republicanos del Congreso pasaban un fin de semana juntos. La intención era ayudar a evitar que los funcionarios electos se vieran influidos por grupos de intereses particulares. Sin embargo, esto tuvo el mismo efecto no deseado de impedir que personas con puntos de vista diferentes se conocieran en el marco del respeto.

La capacidad de discutir y debatir opiniones divergentes favorece la comprensión de ideas contrapuestas. Por ejemplo, algunos oficiales electos están más interesados en defender reformas y más abiertos al cambio, mientras que otros se sienten mucho más cómodos con estabilidad y la tradición. Una democracia sólida y receptiva necesita resiliencia al cambio y un alto nivel de estabilidad. La democracia prospera cuando personas con opiniones divergentes se reúnen, negocian sus diferencias y encuentran soluciones que beneficien a todos. Como afirmó Kristina, el problema surge cuando creemos que estamos demasiado divididos para unirnos.

Como decíamos al principio, históricamente, la polarización, en cierta medida, ha sido una constante. Las diferencias de opinión tienen su origen en nuestras experiencias y puntos de vista divergentes. Pero la forma en que una u otra persona ve el mundo no debe ser un obstáculo para la reconciliación. Encontrar un terreno común a través de valores compartidos eliminará todos, o al menos la mayoría, de los problemas de polarización que ahora nos hacen propensos a la inacción. Peor aún, el actual enfrentamiento nos hace vulnerables a la violencia de alto riesgo, como vemos, semana tras semana y mes tras mes, en algún lugar de nuestro país.

Ha habido señales alentadoras de que quizá no estemos tan polarizados en las cosas importantes como parece a primera vista. Una de esas señales alentadoras apareció en un meta estudio de julio de 2014 del Centro de Actitudes Políticas de la Universidad de Maryland. Ese estudio comparaba las respuestas a 388 preguntas de varias encuestas realizadas a votantes de estados rojos y azules. En dos tercios de las respuestas, el estudio no encontró diferencias estadísticas en las posiciones entre demócratas y republicanos. Los temas sin polarización significativa iban desde la vivienda asequible a la subida de impuestos y la seguridad social. El público estadounidense tiene muchos intereses comunes que no se basan en la ideología sino en el sentido común.

Sin embargo, con el pasar del tiempo, esos intereses comunes parecen perderse cada vez más en el cargado ambiente político partidista de Washington DC.

El filibustero polarizador

La regla de los 60 votos en el Senado también se conoce como "el filibustero". Para que un proyecto de ley pueda ser aprobado, un total de sesenta de los cien senadores demócratas y republicanos deben ponerse de acuerdo. La exigencia de un número tan elevado hace casi imposible obtener una mayoría de votos y suele bloquear *cualquier* legislación. De este modo, el filibustero suprime eficazmente el diálogo y el compromiso.

El filibustero recibe su nombre del artículo XXII del Senado, que permite a un senador hablar todo el tiempo que quiera hasta que sesenta de cien senadores voten para cerrar el debate. Con el apoyo del filibustero, el partido minoritario puede obligar al partido mayoritario (el que está en el poder) a negociar con ellos. Incluso si los cincuenta senadores del partido mayoritario votan al unísono, en la mayoría de los casos seguirían siendo necesarios *algunos* votos del partido de la oposición para llegar a sesenta y aprobar cualquier proyecto de ley. En los últimos años, la cerrazón partidista ha alejado a ambos partidos de la transigencia, de dar y recibir, lo cual apoya un 70% del electorado. Aquí es donde los legisladores podrían obtener algunos votos de partidos opuestos y conseguir que las cosas salgan adelante. Sin esta voluntad de compromiso, los proyectos de impacto languidecen en punto muerto. El comentario de George Washington se refería al Senado como el órgano legislativo destinado a dejar "enfriar el té". Hoy en día, el Senado es el lugar donde la legislación no sólo se enfría, sino que se congela.

Ambos queremos reformas en este ámbito que posibiliten la acción. Para Celinda, la respuesta es reducir los votos necesarios a cincuenta, acabando así con el filibusterismo. Aunque Ed está de acuerdo en que es urgente reformar el filibusterismo, no ve la necesidad de cambiar el número de votos necesarios de sesenta a cincuenta. En su lugar, propone exigir a cada senador de cada partido que responda con un simple sí o no a esta pregunta: "¿Quiere usted legislar sobre este tema o situación?".

Digamos que hay un proyecto ley sobre infraestructura. Si más de sesenta de los cien senadores dicen "Sí, quiero que el Senado aborde este tema en esta sesión legislativa", entonces mediante el voto de la "super mayoría" se asignaría el asunto a la comisión o comisiones competentes para iniciar el proceso de redacción de la legislación. El diablo siempre estará en los detalles, pero al menos inician el proceso con un acuerdo sobre la base común que hace posible cualquier cambio razonable, se elimina el tradicional ataque de los demócratas a los republicanos cuando se trata de legislación, en el que cuestionan la "intención" de los republicanos en lugar de los méritos del proyecto de ley. La cuestión podría ser cuántos fondos destinar para reparar nuestras carreteras en mal estado, puentes, costas erosionadas y otras partes de nuestra infraestructura que están presentando fallas. Para Ed, el hecho de que ambas partes estén de acuerdo en que *se debe* abordar este desafío eliminaría la necesidad del filibusterismo en la aprobación final.

Un bello ejemplo de intercambio respetuoso entre dos personas con opiniones políticas diferentes es una conversación que el entonces adolescente de dieciséis años Mo Elleithee sostuvo cuando conoció a John McCain. Mo mantuvo este intercambio en privado hasta el 24 de agosto de 2018, el día antes de la muerte del senador McCain. Sabiendo que se acercaba el fin, Mo decidió tuitear su conversación con McCain, un notable héroe de guerra y servidor público al que respetaba profundamente a pesar de sus divergentes opiniones sobre muchos temas.

A los dieciséis años, conocí al Senador John McCain por primera vez.

Yo: "Es un honor conocerle, aunque no esté de acuerdo con usted".

McCain respondió: "Es un honor representarle, aunque no esté de acuerdo conmigo".

A Mo le parecieron alentadores los comentarios (tweets) que se hicieron tras su publicación. Un usuario dijo que era un buen día para dejar de lado las diferencias en nombre de la paz. Otro usuario de Twitter dijo que el intercambio le hizo llorar mientras almorzaba, admitiendo que, aunque no votó al senador McCain, siempre le respetó.

Estos intercambios, entre otros muchos tuits similares, nos dan esperanza. Demuestran que la gente *está* deseosa de que el respeto reaparezca en la política y en la vida. Desean que dejemos de lado nuestras mezquinas diferencias en favor del bien común. La esperanza es eterna, pero creemos sinceramente que *hay* esperanzas de encontrar una forma de trabajar juntos. Los estadounidenses tenemos muchos valores compartidos que pueden entrar al ruedo para unirnos. Como estadounidenses, deberíamos estar cansados de las divisiones políticas que amenazan nuestra democracia.

En nuestros muchos años como encuestadores, hemos descubierto que hay un gran número de votantes más moderados y *centristas*, los cuales no actúan en bloque. Pero muchos votantes son flexibles en sus opiniones y están dispuestos a cruzar líneas partidistas. Es probable que mantengan lo que algunos pueden considerar opiniones contradictorias en todo el espectro político. Por ejemplo, a diferencia de muchos de extrema derecha y extrema izquierda, *pueden* estar a favor de la vida y a favor de la inmigración o a favor del aborto y a favor de las armas. Los que se sitúan en el centro, a menudo pasan desapercibidos porque no son tan activos ni están tan bien financiados como los extremistas de derecha y de izquierda; por tanto, resultan menos atractivos para los medios de comunicación (una cuestión de incentivos que trataremos más adelante).

Dado que los miembros de este grupo de votantes centristas no comparten la línea de su partido en toda cuestión, son los más abiertos a transigir y llegar a acuerdos. Los votantes de esta categoría respetan los valores fundamentales que son la base de los sistemas de creencias de nuestra nación. Piensan que deberíamos escuchar a la otra parte y transigir en lugar de luchar unos contra otros, aferrándonos obstinadamente a nuestras creencias, a menudo heredadas. Buscan un camino que se base en nuestra herencia democrática de fe, confianza y cooperación.

Todos tenemos opiniones firmes y no vemos nada malo en sentirnos firmemente partidarios de un determinado tema o causa; por el contrario, a lo largo de la historia, quienes tienen pasión y propósito suelen ser los visionarios y activistas más dedicados que han traído cambios positivos.

Sin embargo, dados los urgentes retos a los que nos enfrentamos, no hay tiempo que perder. Ahora mismo, debemos esforzarnos por hacer del mundo un lugar mejor para nosotros, nuestros hijos y sus hijos, quienes heredarán lo que les dejemos. Confesaremos que somos optimistas al respecto. Esperamos que, a medida que profundices en este libro, también veas por qué creemos en la bondad básica de las personas y compartas nuestra seguridad de que, trabajando juntos, podremos marcar el comienzo de una nueva era de civismo construida sobre los cimientos de la confianza y el respeto

Capítulo 4

Incentivos tóxicos:
El mal comportamiento es
recompensado con creces

El principio de que los estadounidenses recompensan el comportamiento virtuoso es un principio fundamental de nuestra nación. Todos creemos, o decimos creer, que las buenas acciones, la honradez, el trabajo duro y el respeto deben ser defendidos y acompañados por el éxito, mientras que nuestras leyes, normas sociales y códigos morales deben responsabilizar a los malos actores. Lamentablemente, hoy en día a menudo no es así. El lenguaje y el comportamiento polarizador y divisivo de las instituciones y de las personas influyentes se suele responder con beneficios monetarios y políticos, estando Estados Unidos cada vez más atrapado en una estructura de incentivos tergiversada.

La actual estructura de incentivos

Piensa en esta "estructura" actual como todo lo opuesto a los valores que se enseñan en nuestras escuelas, lugares de culto y hogares. Esta estructura recompensa la polarización. Algunos políticos convierten la búsqueda de terreno común en algo negativo y utilizan ataques despiadados para motivar a los votantes. En Internet, los reportajes de mala calidad siguen atrayendo miles, o incluso decenas de miles, de clics. En las noticias, millones de personas ven cada noche las falsas "tomas calientes" de los cáusticos expertos. Esta avalancha de espectadores y clics genera ingresos publicitarios, seguidores y la motivación para continuar el ciclo.

Este ciclo de retórica polarizadora es impulsado, en gran parte, por los medios de comunicación, por políticos cínicos y por gigantes tecnológicos motivados por el dinero en lugar de por crear un diálogo respetuoso. Estas instituciones e individuos perpetúan esta estructura de incentivos principalmente de dos formas:

Se rinden ante ella. Algunos líderes políticos levantan las manos y dicen: "No puedo con esto, mejor sigo la corriente". Dan a la gente lo que quiere, aunque ello siembre la discordia entre su electorado.

Avivan las llamas de la polarización. Exacerban las divisiones porque existen beneficios tanto políticos como financieros. Empeoran los problemas para su propio beneficio. En lugar de abordar el problema, algunas instituciones lo alimentan gracias a los incentivos económicos y políticos.

Las grandes empresas tecnológicas recurren a esta práctica, especialmente en sus redes sociales. Abordaremos exhaustivamente la amenaza de las redes sociales en *el Capítulo 6: Medios No Tan Sociales: Reparando una Conectividad que Solía Ser Prometedora.* Cabe mencionar aquí que muchas redes sociales también están impulsadas por el mercado y son reactivas. En lugar de defender principios, alimentan los bajos instintos. Un estudio de septiembre de 2021 del Centro de Negocios y Derechos Humanos de la Universidad de Nueva York, titulado "Alimentando el Fuego: Cómo las Redes Sociales Intensifican la Polarización Política en EE.UU. y qué se Puede Hacer al Respecto", concluía que "las plataformas de las redes sociales no son la causa principal del aumento del odio partidista, más el uso de estas plataformas intensifica la división y contribuye así a sus efectos corrosivos".[13]

Las empresas de redes sociales se reservan cómo sus algoritmos clasifican, recomiendan y eliminan contenido. Tal transparencia les expondría a críticas sobre cómo el discurso del odio y las luchas políticas extremas contribuyen a sus ingresos por publicidad. Esos ingresos son *enormes* y van en aumento. En el primer trimestre de 2021, los ingresos netos de Facebook aumentaron un 94%, hasta los 9.500 millones de dólares, frente a los 4.900 millones del primer trimestre de 2020. Facebook registró ganancias de 26.170 millones de dólares, un 48% más que el año anterior.

Los servidores públicos echan leña a un fuego ya ardiente aprovechándose de la retórica racista, antisemita, islamófoba o sexista. En marzo de 2021, publicaciones en las redes sociales escritas por la representante republicana de Georgia, Marjorie Taylor Greene, afirmaban, entre otras cosas, que un láser espacial judío inició los incendios forestales de California de 2018. La historia se hizo viral inmediatamente. Greene también ha expresado que habría que ejecutar a destacados funcionarios demócratas, que los musulmanes no deben formar parte del gobierno y que los supremacistas sionistas son los autores intelectuales de la inmigración musulmana a Europa.

¿Por qué habría de publicarse *cualquiera* de estas opiniones? Cada una de ellas debería haber descalificado a esta representante de la función pública. Greene aprovechó la polémica que creó para redoblar la apuesta y motivar a sus partidarios para que acudieran en su ayuda. El 7 de abril de 2021,[14] *Forbes* reportó que apenas un mes después de que salieran a la luz sus comentarios, Greene había "recaudado 3,2 millones de dólares en el primer trimestre de 2021", una suma asombrosa, especialmente para una diputada novata, lo cual sugiere que su marginación en el Congreso no ha "afectado su marca". En cuanto al dinero, su "marca" es más fuerte que nunca. Desde septiembre de 2021, Greene es la republicana que más fondos recauda en la Cámara de Representantes.

Paul Gosar es congresista por Arizona, el mismo estado donde la congresista Gabrielle Giffords fue tiroteada en un acto de violencia política sin sentido. Gosar, aparentemente, olvidó esta importante parte de la historia cuando publicó, en noviembre de 2021, un clip editado digitalmente de un dibujo animado en donde su "personaje" acuchilla con espadas a la Representante Alexandria Ocasio-Cortez. También le mostraba abalanzándose violentamente sobre el presidente Biden. Fue algo muy extraño por parte de un congresista en ejercicio, pero lo que ocurrió después fue aún más inquietante (los demócratas se indignaron y con razón). El representante por California, Ted Lieu, declaró: "En cualquier lugar de trabajo de Estados Unidos, si alguien hace un vídeo animado matando a un compañero de trabajo, se le despediría".[15] Lieu tenía razón. Twitter marcó la publicación como "odiosa", pero Gosar redobló la apuesta. "La representación del Sr. Biden se refiere a la decisión de su administración de dejar la frontera abierta mientras los ilegales invaden desde todos los puntos", replicó Gosar. Incluso calificó la inmigración ilegal como una "plaga". Esta clase de retórica, combinada con imágenes violentas, apesta a extremismo.[16]

La Cámara de Representantes se apresuró a aprobar una ley que censuraba a Gosar y le despojaba de sus dos puestos en comisiones. Era la primera vez que se censuraba a un miembro activo de la Cámara en más de diez años.

Pero no fue el fin para Gosar. Justamente *una hora* después de ser censurado, un momento en el que cualquier líder debería haber reflexionado y reevaluado su comportamiento, Gosar retuiteó el vídeo. Fue un movimiento extremadamente agresivo, uno que saltó muy por encima de la línea del discurso respetuoso que hacía tiempo se había cruzado.

Las acciones de un mal actor son comprensibles, pero lo que más nos preocupa de esta situación es que Gosar no habría actuado de esta manera si no tuviera el incentivo para hacerlo. Gosar fue aplaudido por muchos, y sus seguidores en Twitter aumentaron. Su base, muchos de los cuales apoyan las teorías conspirativas como QAnon, se alimentaba de la carnada que les había arrojado. Algunos se referían a él como un campeón de la libertad de expresión. Tal vez la dirección debería estar protegida, pero elogiarle como a un héroe por publicar ese vídeo está muy lejos de afirmar su derecho a publicarlo. Una vez más, nuestra quebrantada estructura de incentivos ha funcionado en contra de todos, salvo de las voces más extremas y violentas.

Estos son dos de los casos más atroces de políticos que "avivan las llamas". Sin embargo, dan cuenta de problemas más amplios que llevan tiempo desarrollándose en ambos extremos del espectro político. Un ejemplo clásico es el de la congresista Maxine Waters, quien, en su primer periodo en el Congreso, llamó racista al presidente George H. W. Bush.[17] En 1994, tuvo que ser amonestada formalmente y fue suspendida de la Cámara por interrumpir repetidamente a otro miembro mientras hablaba. Acusó a la CIA de vender crack en su distrito (El Departamento de Justicia de Estados Unidos y el periódico *The Los Angeles Times* no encontraron pruebas que respaldaran tal afirmación).[18]

Waters votó en contra de la certificación del ganador de las elecciones presidenciales del Partido Republicano en 2000, 2004 y 2016. En 2018, dijo: "Si ves a alguien del Gabinete [de Trump] en un restaurante, en almacenes de cadena, en una gasolinera, vas, creas una multitud, y les empujas, y les dices que ya no son bienvenidos, en ningún lugar".[19]

Hablando de contraatacar, Alan Grayson, demócrata de Florida que ahora se presenta al Senado, se enorgullecía de llamarse a sí mismo "pendenciero en potencia". Grayson dominaba los programas nocturnos de entrevistas con declaraciones como: "Los republicanos quieren que mueras rápido". Así recaudó enormes sumas de dinero para su campaña entre pequeños donantes. Estableció técnicas de recaudación de fondos que otros destacados demócratas han utilizado.[20]

El comportamiento polarizador e irrespetuoso se incentiva y protege desde ambos lados del pasillo. La gente puede criticar duramente la ideología y las acciones de los demás. En muchos sentidos, la diferencia significativa entre la retórica incendiaria de los políticos del pasado y los de la actualidad radica en nuestra actual estructura de incentivos dentro de las redes sociales y las cadenas de noticias.

Nuestra actual estructura de incentivos tiene sus raíces en la polarización y el cinismo que examinamos en los capítulos dos y tres. Si estos comportamientos siguen intensificándose y siendo recompensados, con el tiempo no harán sino empeorar nuestro cinismo, polarización y distanciamiento político y social. A menos que aprendamos a incentivar el *respeto*, nuestra división nacional seguirá ampliándose, perjudicándonos a todos y debilitando los cimientos de nuestra sociedad en todos los ámbitos.

En muchos sentidos, la diferencia significativa en la retórica incendiaria de la congresista Maxine Waters en los últimos treinta años y la congresista Marjorie Taylor Greene en los últimos treinta meses, referente a su comportamiento poco ético e incivil, tiene que ver con nuestra actual estructura de incentivos desproporcionados dentro de las redes sociales y las cadenas de noticias.

¿Por qué los estadounidenses *siguen* participando, a veces con gran entusiasmo, en este sistema roto? Parte del problema es biológico. En un artículo de 2019, la profesora de psicología del campus Davis de la Universidad de California, Alison Ledgerwood, que estudia los efectos de encuadre (cómo las personas procesan la información en función de cómo se les presenta), explicó que nuestros cerebros están programados para buscar y recordar información negativa. "Un marco negativo es mucho más persistente o 'pegajoso' que uno positivo", escribió. [21]

Tomemos el ejemplo de los anuncios negativos de campaña. Todo el mundo dice que no le gustan los anuncios negativos, pero a menudo son muy eficaces. "Los políticos y los partidos políticos no pasan por alto este hecho", escribió Ledgerwood. "Una vez que se ha plantado una idea negativa, es difícil quitarla. Si abordas un tema negativamente, pero luego te recuerdan los aspectos positivos de la política, seguirás pensando que es un fracaso".

Recompensar la negatividad erosiona tanto nuestra vida privada como nuestro discurso público. En nuestra encuesta Battleground, sistemáticamente vemos datos que muestran que este problema hace que muchos estadounidenses se sientan indefensos e infelices. Los Padres Fundadores lo previeron hace mucho tiempo: "La disminución de la virtud pública suele ir acompañada de la de la felicidad pública", escribió Samuel Adams en una carta fechada el 30 de abril de 1776.[22]

Nuestros grupos de discusión conjuntos también muestran que la gente está cada vez más frustrada con la incentivación de las malas prácticas. Muchas de las personas que entrevistamos no tenían soluciones que ofrecer, sobre todo los votantes de grupos de mujeres con los que hablamos.

Estos votantes estaban convencidos de que la división del país era un gran problema, pero no sabían que se podría hacer al respecto, si es que algo puede hacerse. Consideraban que esta polarización era un impedimento importante para el progreso en Washington y sentían que el problema se estaba agravando. Muchos de los participantes que dijeron ser independientes vieron al expresidente Donald Trump como un actor importante que exacerbaba esta dinámica. Sin embargo, no fue ni mucho menos el único culpable a los ojos de estos votantes, que también criticaron a los medios de comunicación, incluyendo las redes sociales y algunos políticos en concreto

La responsabilidad de los ciudadanos

Mo Elleithee cree que parte del problema reside en las reacciones del público y con frecuencia plantea esta pregunta: "¿Cómo pueden avanzar nuestras instituciones políticas si a menudo son penalizadas por los votantes por demostrar respeto?" Estamos de acuerdo. Gran parte del país *dice* que deberíamos estar menos polarizados y tratarnos con dignidad, comprensión y mentes abiertas. Sin embargo, una gran parte del público sigue incentivando estos terribles comportamientos. Siguen consumiendo la demagogia de los expertos políticos cada noche en sus canales y programas favoritos. Siguen votando por candidatos que no cesan de apelar a nuestros peores instintos, candidatos que rara vez trabajan para motivar el respeto y, en cambio, incentivan a las instituciones políticas para que no nos muevan hacia un lugar mejor.

Creemos que, aunque las instituciones y los personajes públicos cargan con gran parte de la culpa, pues a menudo optan por rendirse o alimentan activamente las llamas, sin duda el público tiene el deber moral y cívico de no incentivar el mal comportamiento.

Las personas pueden optar por eludir esta estructura tóxica de incentivos individualmente y en sus grupos. Nuestra sociedad puede responder a la integridad y la bondad por parte de nuestros líderes. Lo hemos visto innumerables veces a lo largo de la historia de Estados Unidos.

Ya hemos hablado en este capítulo de cómo los anuncios negativos de las campañas se quedan grabados en la mente de los ciudadanos; aun así, algunos candidatos han encontrado la manera de sortear ese obstáculo simplemente siendo originales y honestos. John Hickenlooper, senador por Colorado, *nunca* ha hecho anuncios negativos en toda su carrera, lo que hace que muchos directores de campaña pongan sus ojos en blanco con impaciencia. Durante su candidatura a gobernador del estado en 2010, consiguió abrirse paso entre el público con un anuncio del que todavía hoy se habla en los círculos políticos, aunque sea con algo de risa.[23]

En un exitoso anuncio de televisión, Hickenlooper se mete a la ducha completamente vestido, en traje de negocios. Mientras el agua llueve sobre él, mira a la cámara y dice: "Soy John Hickenlooper. Y supongo que no soy un buen político porque no soporto los anuncios negativos. Cada vez que veo uno, y se ven *muchos*, siento que necesito ducharme. Con todos los retos a los que nos enfrentamos, Colorado necesita un gobernador que una a la gente, cree empleo y gasto público. Por eso no haré anuncios negativos. Enfrentar a un grupo contra otro o a una parte de Colorado contra otra no ayuda a nadie. Y, además, necesitamos el agua". Entonces la ducha le rocía directamente en la cara. Este anuncio fue enormemente popular, y Hickenlooper ganó las elecciones; no cedió a la negatividad y el público se dio cuenta.

A continuación, Ed nos da su opinión sobre las veces que, a lo largo de su extensa carrera, ha visto cómo el eludir las estructuras de incentivos tóxicas marcó una verdadera diferencia.

Positividad y el arte del Jiu-Jitsu político

Me molesta cuando la gente dice: "No me gustan las campañas negativas, pero funcionan". Aunque la afirmación es cierta, no tiene por qué funcionar. Las personas no gravitan intrínsecamente hacia lo negativo; se puede ganar si se encuentra la manera de *evitarlo*.

He trabajado como encuestador y estratega en muchas contiendas muy reñidas. En los últimos años, lo primero que hace la campaña es un proyecto de investigación sobre el adversario: la búsqueda definitiva de la ranura que puede abrirse entre el adversario y los votantes. Por mi parte, prefiero pasar la primera parte de la campaña buscando el imán que atraiga y arrastre a los votantes hacia mi candidato. En la medida de lo posible, me gusta que el candidato pase varios meses conduciendo por el distrito y tomando notas sobre sus observaciones de la gente; que observe los tipos de casas y barrios en los que vive la gente, que incluso dé una vuelta por su calle principal; que coma en una cafetería local y escuche las conversaciones y debates mientras desayuna. El propósito es iniciar la campaña conectando los puntos entre mi candidato y los votantes y lo que ofrece para satisfacer las necesidades de los votantes.

Incluso cuando atacan a mi candidato en discursos y anuncios, mi primera respuesta no es subir la apuesta y tomar represalias en proporción. Pienso en mi estrategia como un juego de jiu-jitsu político. El jiu-jitsu gira en torno a la idea de que una persona más pequeña y débil puede defenderse exitosamente de un oponente más grande, fuerte y pesado utilizando apalancamiento. A veces, la mejor respuesta es volver su negatividad contra ellos. Recuerdo haber empleado esta estrategia cuando trabajé como encuestador y estratega en la campaña para gobernador de Haley Barbour en Mississippi en 2003. Se presentaba por primera vez y contra el gobernador en ejercicio. Nuestros grupos de discusión constataron que a menudo se veía el actual gobernador exagerar sus logros y subestimar sus insuficiencias. Pensamos que irían por Haley Barbour en los medios, diciendo que Haley era el jefe del grupo de lobbying número uno de Washington.

Nuestros grupos de discusión convencieron a Haley Barbour para que dejara hablar a su oponente. Necesitábamos paciencia. Paciencia para darles suficiente cuerda hasta donde cruzaran la línea. Barbour tuvo las agallas y dirigió el plan en el momento oportuno. No respondimos cuando lanzaron su primer anuncio negativo de campaña. Efectivamente, al cabo de cuatro días, ¡sacaron ese anuncio y subieron al siguiente nivel! Pasaron de decir que Haley había perjudicado a todo el mundo, desde ancianos y niños hasta trabajadores, en el primer anuncio, a un segundo anuncio que afirmaba que Haley enviaría los empleos de Mississippi a México, dejando que los niños pasaran hambre y matando a las personas mayores de Mississippi por negligencia. Fue entonces cuando Barbour dijo: "Bien, ahora es nuestro turno".

La mañana siguiente a la publicación de este nuevo anuncio, celebramos una rueda de prensa. Barbour se dirigió al podio y declaró: "Saben, tienen razón. Tengo la firma de lobbying número uno en Washington, y si me contratan para ser su gobernador, *los* pondré en primer lugar también". Como resultado, pasamos de cinco puntos de desventaja a cinco de ventaja en cuestión de días y mantuvimos el liderazgo durante el resto de la campaña. Y ganamos. Habíamos utilizado la negatividad y la exageración de los anuncios y las habíamos convertido en algo positivo. El electorado nos recompensó por ello. Hoy, me preocupa profundamente que una franja tan amplia de la opinión pública estadounidense responda con tanto entusiasmo a la retórica divisoria. Me decepcionan las instituciones que perpetúan este ciclo. Sin embargo, al igual que mi padre, sigo siendo un eterno optimista. Apelando a lo mejor de nuestra naturaleza, creo que podemos revertir esta tendencia.

El actual secretario de Transporte de Estados Unidos y alcalde, Pete Buttigieg, hizo precisamente eso durante su carrera presidencial de 2020. Por aquel entonces, Buttigieg era alcalde de una pequeña ciudad llamada South Bend, Indiana. Pocos habían oído hablar de Buttigieg o de South Bend. Entonces hizo algo que logro que yo y muchos otros estadounidenses, nos fijáramos en él. En los primeros días de su campaña, Buttigieg redactó personalmente sus "Reglas del Camino".[24] Se trataba de un conjunto de principios que guiarían a su personal de campaña y a sus voluntarios a través de lo que prometía ser una de las primarias demócratas más despiadadas de la historia reciente. Las reglas de Buttigieg eran: *Audacia, Pertenencia, Trabajo en equipo, Disciplina, Excelencia, Sustancia, Respeto, Responsabilidad, Verdad y Alegría.* Hizo que cada uno de sus empleados firmara el documento como señal de compromiso de defender estos valores y distribuyó copias para que todos sus voluntarios las leyeran.

El documento me conmovió y él se ganó mi respeto. Mientras otros candidatos hacían campaña lanzando lodo, Buttigieg apelaba a lo mejor de los estadounidenses. El texto es demasiado extenso para replicarlo aquí en su totalidad, pero compartiré tres de mis Reglas del Camino favoritas

RESPETO: Con nuestros pensamientos, palabras y acciones, cultivamos el sentido del respeto. En este equipo nos respetamos unos a otros, respetamos el cargo de la Presidencia y respetamos a todas las personas con las que nos cruzamos en la campaña, incluidos nuestros competidores. Cuanto mejor defendamos este valor entre nosotros, mejor se reflejará en el exterior. Representará un antídoto silencioso contra la idea de que este proyecto es demasiado audaz para ser tomado en serio.

VERDAD: La honestidad está en nuestra naturaleza. Es uno de nuestros medios más importantes para restaurar la fe en nuestra democracia entre los estadounidenses de a pie y construir un movimiento nacional arraigado en la confianza y la fe en nuestro país y nuestras creencias. Tanto interna como externamente, nuestro esfuerzo se caracterizará por ser fiel a la verdad.

RESPONSABILIDAD: El desarrollo de una campaña puede ser tan influyente como su resultado. Todos los miembros de este equipo tienen la responsabilidad de estar a la altura de nuestros valores; todos los participantes, desde el primer voluntario hasta el candidato y los altos cargos, deben dar ejemplo de ello. Cuando hay un error, lo asumimos, aprendemos, nos adaptamos y seguimos adelante. Los errores son inevitables, pero nunca deben repetirse. Somos dueños de nuestras decisiones y de nuestro trabajo.

Impresionado, llamé al director de Buttigieg en Iowa un mes antes de las elecciones. Contestó el teléfono a las 10 de la noche y hablamos durante hora y media. Estaba orgullosa de lo que habían conseguido y le entusiasmaba que un encuestador republicano la llamara para hablar abiertamente. Fue un momento de conexión de opuestos, espoleado por la positividad.

Como saben, Buttigieg no llegó a la presidencia de los Estados Unidos, pero su firme compromiso con los valores le ha convertido en una figura nacional con un seguimiento masivo entre los votantes jóvenes. Gran parte del electorado valoraba su filosofía. Es un ejemplo del tipo adecuado de estructura de incentivos que yo, eterno optimista, creo que aún *puede* existir en Estados Unidos.

Un estudio de caso sobre la valoración de la virtud

Un estudio de caso, de muchos en la historia de nuestro país, muestra cómo la virtud se impuso a la división. Era el frío invierno de 1968 y, mientras la guerra de Vietnam hacía estragos, Robert F. Kennedy visitó la región de los Apalaches, al este de Kentucky. Los Apalaches, una de las zonas pobres del país, habían sido devastados económicamente durante décadas por una industria minera del carbón que explotaba a los trabajadores. Según el periodista Peter Edelman, los Apalaches estaban plagados de "una estructura de poder local empeñada en perpetuarse a toda costa y poco dispuesta a tolerar la más mínima mejora en la vida de los excluidos, por miedo a que ganaran la confianza y los medios para derrocar el statu quo en las urnas".[25] ¿No suena similar a los problemas a los que se enfrenta nuestra sociedad hoy en día?

El propósito oficial de la visita de Kennedy era evaluar el impacto de la "Guerra contra la Pobreza" del presidente Lyndon Johnson. Kennedy descubrió que seguían existiendo problemas profundos. Sin embargo, consideró que su presencia allí no era para atizar la ira política contra un futuro adversario. Estaba allí para escuchar a la gente. A lo largo de su viaje, se reunió con docenas de familias, habló ante grandes multitudes y respondió a sus preguntas, recogiendo sus preocupaciones cotidianas.

Incluso aquellos que desconfiaban profundamente de los políticos le recibieron con los brazos abiertos. El autor Matthew Algeo, en su libro *Todo Este Gran Potencial: La Gira de Robert Kennedy por los Appalaches de* 1968, escribe: ". . . la gente de la región recuerda a RFK como el más significativo, el más comprensivo y el que mejor escuchaba. La gente suele citar su familia numerosa, su calidez y su genuina preocupación cuando hablan de su efecto en ellos y de la forma en que les infundía esperanza".[26]

En nuestra era actual de divisiones aparentemente insalvables, debemos buscar la esperanza en cualquier lugar que podamos encontrarla. Los dos creemos que el respeto mutuo es un punto de partida esencial. El propio Robert Kennedy dijo una vez: "Todos nosotros desearíamos a veces vivir en un mundo más tranquilo, pero no es así. Y si bien nuestros tiempos son difíciles y desconcertantes, también son desafiantes y están llenos de oportunidades".[27]

Desde luego, no vivimos en una América *tranquila*. Y nosotros, sus autores, ciertamente no profesamos tener todas las soluciones a los problemas de nuestra nación. No somos tan ingenuos como para creer que un solo libro puede dar la vuelta a una estructura de incentivos tóxica que ha estado vigente durante décadas. Sin embargo, estamos convencidos de que el restablecimiento del respeto puede hacer (y hará) avanzar nuestros valores comunes

Segunda parte

Construyendo puentes

Capítulo 5

Estrategias de resolución de problemas: Soluciones viables para una nueva era

E n la primera parte del libro hemos explicado por qué los estadounidenses están polarizados y son cínicos, así como por qué parece que no nos respetamos los unos a los otros. Hemos esbozado nuestra fallida estructura de incentivos y demostrado por qué muchas soluciones políticas no abordan los problemas fundamentales. Ahora que hemos identificado estos problemas y explicado cómo funcionan en la sociedad estadounidense, es hora de pensar en *cómo solucionarlos*, lo cual va a requerir un gran esfuerzo. Ello requerirá aprender de las lecciones del pasado y buscar estrategias audaces que definan nuestra nueva era. También va a requerir comprender la resolución de problemas: qué funciona, por qué funciona y cómo puede aplicarse de forma pragmática a los importantes retos a los que se enfrenta nuestra nación.

Sin duda, es una batalla cuesta arriba. Sabemos que los problemas de Estados Unidos no pueden resolverse de la noche a la mañana.

Desde luego, no creemos que todas las respuestas puedan encontrarse en las páginas de este libro ni en las de ningún otro.

A pesar de nuestras mejores intenciones y deseos, no podemos hacer que los estadounidenses de zonas rurales y urbanas empiecen a caerse bien de repente. No podemos pretender que no hay divisiones reales en este país capaces de separarnos durante mucho, mucho tiempo.

También sabemos que la clase política puede elegir. Tanto ellos como nosotros, podemos capitular ante esta sombría situación o intentar encontrar la manera de evitarla. Este capítulo ofrece las estrategias que hemos extraído a partir de nuestras largas carreras, a través de las cuales hemos recopilado y estudiado información acerca del electorado luego de haber estado en la primera fila del funcionamiento de la política de Washington. Hemos visto lo que funciona y lo que no. Esperamos poder impartir algo de lo que hemos aprendido a lo largo del camino.

Cuando se trata de resolver un problema complejo, lo importante es el progreso, no la perfección. Las estrategias eficaces suelen tener uno de estos tres componentes.

1. Utilizan el discurso para llegar al meollo del asunto.
2. Se basan en el respeto mutuo, especialmente entre aliados poco probables.
3. Priorizan las soluciones sobre la ideología.

Más allá de la ideología

Examinemos la palabra *ideología*. Tradicionalmente, se define como un conjunto firme de ideas políticas que, en el caso de los estadounidenses, suelen caer en una de estas dos categorías: liberales o conservadores. Se trata de identidades complejas, arraigadas en lealtades culturales, ubicaciones geográficas e historias familiares. Un ganadero del oeste de Texas probablemente se identifique como conservador, del mismo modo que los maestros de Seattle probablemente proclamen con orgullo ser liberales.

Por desgracia, estas identidades ideológicas a menudo impiden a los estadounidenses ver más allá. Actúan como barreras a la comunicación, que es el primer y más importante paso para resolver un problema. Si piensas que el sistema de creencias de alguien es totalmente antitético al tuyo, es mucho más difícil lograr un dialogo con esa persona, aunque esa no sea la verdad del asunto. Supongamos que los estadounidenses perciben a alguien como "socialista" o "fascista", dos palabras que, muy frecuentemente, simplemente se dicen y emplean erróneamente hoy en día. En ese caso, el progreso necesario y urgente en cuestiones reales se ve obstaculizado por una profunda distancia ideológica causada por el miedo y el resentimiento.

Curiosamente, cuando se les pregunta por aquello que consideran importante, la mayoría de los estadounidenses no son ideólogos. Lo vemos una y otra vez en nuestras encuestas Battleground. Los estadounidenses pueden, por diversos motivos, *decir* "soy conservador" o "soy liberal", pero eso no significa que sean ideológicamente conservadores o liberales. Lo más probable es que el ganadero del oeste de Texas y el profesor de la escuela que vive en el Pacífico noroeste quieran las mismas cosas básicas para ellos y sus familias. Igual de probable es que no les preocupe mucho qué teoría política logrará ese objetivo, pues el *objetivo*, el resultado final, es lo crucial. Los votantes de la última década creen que cualesquier tres personas en Estados Unidos pueden ponerse de acuerdo en más cosas que los dos partidos del Congreso.

¿Qué *son* los estadounidenses sino ideológicos? Somos pragmáticos. Sin embargo, la forma en que debatimos la mayoría de los problemas sigue líneas ideológicas. No debería. La mayoría de los problemas no tienen nada que ver con la ideología, por lo que deberíamos dejar de pensarlos a través de esas lentes. Eso *significará* llegar a salir de nuestra zona de confort y formar alianzas que al principio pueden resultar extrañas. Pero si el resultado es que se alcancen soluciones, creemos que los estadounidenses renunciarán a sus supuestas ideologías en pro de estos anhelados resultados para nuestros problemas fundamentales comunes.

Los "solucionadores de problemas" intentan resolver los problemas de fondo

Entre las muchas y graves repercusiones de las semanas y meses posteriores a la insurrección del 6 de enero de 2021, densas nubes de desconfianza hicieron que todo el mundo cuestionara a los demás, incluidas las facciones internas y entre partidos.

Incluso durante los días más oscuros, un grupo de legisladores trabajó en silencio para lograr que las cosas se hicieran. Mientras otros se atacaban mutuamente, La Asamblea Resuelve Problemas, un grupo bipartidista de cincuenta y seis miembros de la Cámara de Representantes, legisló para resolver un importante problema de fondo: el desmoronamiento de las infraestructuras de nuestra nación. A lo largo de la primavera, los Resuelve Problemas se reunieron con la Casa Blanca y el Senado, centrándose en resultados productivos más que en personalidades o en hacer política.

De hecho, sería negligente *no* mencionar esta asamblea y su historia en un capítulo dedicado a la resolución de problemas. Aunque los Resuelve Problemas se formaron oficialmente en 2017, comenzaron su labor en 2013, cuando un grupo de setenta congresistas (casi al 50% entre demócratas y republicanos) se unieron para presentar nueve proyectos de ley diseñados para "hacer que el gobierno fuese más eficiente, eficaz y menos derrochador". Se apodaron a sí mismos "Los Resuelve Problemas". Como el Rep. John Barrow (D-GA) dijo entonces: "En Washington, compromiso se ha convertido en una mala palabra. Trabajar juntos para hacer las cosas es un gran soplo de aire fresco para el pueblo estadounidense".[28]

Los Resuelve Problemas han sido una fuerza de bipartidismo pragmático, especialmente en los últimos cinco años. En un artículo de opinión conjunto del 4 de agosto de 2017 para *el New York Times*, los co-líderes Josh Gottheimer (D-NJ) y Tom Reed (R-NY) escribieron: "Tenemos ideas contrapuestas (uno de nosotros es demócrata, el otro republicano) sobre lo que enferma al sistema y cómo reformarlo, pero no es el momento de más luchas partidistas. Es hora de construir un sistema mejor, aunque sea poco a poco, porque eso es lo que se merece el pueblo estadounidense".[29]

Y, cosa rara en el Capitolio, los "Resuelve Problemas" han seguido, la mayoría de las veces, los principios que defienden ante la prensa. Han elaborado y ayudado a aprobar una sólida legislación bipartidista sobre asistencia sanitaria y alivio tras el COVID-19 y han reformado el reglamento de la Cámara en un intento de "romper el embotellamiento". Podrás ver como todos estos esfuerzos tratan de curar un problema de fondo de nuestra sociedad. Lo comprobamos una y otra vez en nuestra encuesta Battleground: los estadounidenses quieren que se resuelvan estas cuestiones. No les importa puntualmente la ideología detrás de las soluciones, siempre que el resultado mejore materialmente sus vidas.

No siempre ha sido fácil. Incluso el camino hacia el proyecto de ley de infraestructura de 2021, denominado "La Ley Bipartidista de Empleo e Inversión en Infraestructura", estuvo plagado de dramatismo. Tanto demócratas como republicanos de los extremos del espectro político amenazaron con hundirla. Pero los Resuelve Problemas sabían que Estados Unidos necesitaba construir puentes y modernizar aeropuertos. También sabían que necesitábamos reconstruir la red eléctrica y ampliar el acceso a Internet de banda ancha. Votar a favor del proyecto de ley significaba desafiar a la dirección del partido en favor de hacer lo que creían conveniente para el público estadounidense. Eso requiere valor. Eso requiere preocuparse más por los electores que por la carrera política. Se necesita el deseo de resolver realmente los problemas, no solamente adular al electorado. La ley de infraestructuras se aprobó porque era algo que quería la mayoría de los ciudadanos estadounidenses y que todos los Estados necesitaban urgentemente.

Lo más importante para nosotros es que, aunque los Resuelve Problemas no están de acuerdo en todo y pueden votar de forma diferente ocasionalmente, respetan a los estadounidenses lo suficiente como para centrar sus esfuerzos en los problemas de fondo. El gobierno nunca será una entidad perfecta, pero creemos que cuando nuestros dirigentes actúan de buena fe, el público lo percibe y la confianza crece. La confianza es la semilla de la cura que necesitamos desesperadamente en un momento en que nuestra nación se encuentra en una peligrosa encrucijada; la confianza se construye, ante todo, sobre la voluntad de respetar nuestras diferencias, así como aquellos aspectos en los que coincidimos.

Ed logra que los "aliados improbables" funcionen

Siempre que pienso en estrategias de resolución de problemas, vuelvo a la relación que mantengo con Celinda. Algunos podrían considerarnos aliados improbables. Tenemos ideas muy distintas sobre el papel del gobierno en la vida de los ciudadanos. Esa no es la base de nuestra asociación profesional ni de nuestra amistad. La clave de nuestra relación es que, desde el principio, nos deshicimos de la necesidad de mostrar en que nos diferenciamos o de disculparnos por nuestras diferencias. Como nos respetamos mutuamente, somos libres de decir lo que pensamos, incluso cuando no estamos de acuerdo.

Nos hemos desafiado mutuamente en múltiples oportunidades. Incluso hemos discrepado sobre cómo escribir este libro; sin embargo, esto es una fuente de fortaleza en nuestra relación. Nos respetamos lo suficiente como para comunicarnos con respeto porque tenemos un objetivo común: ayudar a encontrar soluciones viables. Esa apertura nos permite ver que, al final, nuestros compromisos son los mismos. Voy a dar un ejemplo de una ocasión en que Celinda y yo nos enfrentamos a un impase, resolvimos el problema y lo utilizamos para fortalecer nuestro vínculo. El desacuerdo se produjo en 2008, a vísperas de la primera campaña de Obama. Los demócratas estaban muy acalorados con sus mensajes, acusando a los republicanos de intentar suprimir votos. Me pareció que Celinda hablaba demasiado acerca de este tema de una forma que no resultaba productiva, sobre todo porque estábamos realizando una masiva encuesta juntos. Le planteé la cuestión de que exponer sus juicios con tanta firmeza me ponía en la situación de defender a mi partido contra tales acusaciones.

En lugar de dejar que esta brecha ideológica se interpusiera entre nosotros, nos sentamos y lo hablamos. Le di mi punto de vista y ella me dio el suyo. Le pedí que suavizara su postura, que no hiciera una afirmación general de que *todos* los republicanos pretendían suprimir votantes. Le expliqué cómo, desde mi lado del pasillo, vi a los demócratas, por su parte, participar en algunas nefastas prácticas, tratando de robar o fabricar votos, pero nunca a lo grande ni impulsados por las campañas o el propio Partido Demócrata. Al mismo tiempo, analicé detenidamente lo que estaba haciendo mi bando. ¿Se *produjeron* algunos casos de supresión de votantes? En algunos casos aislados, la respuesta fue afirmativa. No de forma centralizada ni organizada, ni por el Partido Republicano, ni por las campañas como tal; sin embargo, siempre hay malos actores que creen que están ayudando a su candidato a ganar. En nuestras conversaciones sobre este tema, lo equiparaba a la gente que arrancaba los carteles del adversario, pensando que eso ayudaría a ganar las elecciones. Lo que quería decir es que estas acciones no se realizan de forma universal en *ninguno* de los bandos, sino que son llevadas a cabo por unos pocos malos actores, lo cual tiene poco o ningún impacto en el resultado real de las elecciones.

Celinda se mostró muy dispuesta a dialogar, debo reconocer. Logramos una resolución respetuosa porque queríamos lo mismo: elecciones libres y justas. El análisis de Celinda se vio matizado por estos debates en nuestra encuesta Battleground de ese otoño. Sin duda, dijo lo que tenía que decir, pero con respeto, haciendo oír mi voz. Yo hice lo mismo. Doce años más tarde, seguimos trabajando juntos, debatiendo y resolviendo problemas: aliados improbables, sin duda, pero socios y partidarios, al fin y al cabo.

Las asociaciones improbables pueden dar lugar a soluciones únicas, por fuera de la estructura de pensamiento, que necesitamos ahora mismo. Les daré un ejemplo de cómo esto puede ocurrir a nivel nacional. No se esperaría ver a Hillary Clinton trabajar de la mano con el Tom Delay de Texas, antiguo asistente de la Minoría Republicana, y Dave Thomas de Wendy's, un conservador inamovible. Sin embargo, eso es precisamente lo que ocurrió en 1997, cuando Clinton era primera dama. Los tres descubrieron que tenían un objetivo común: resolver de raíz el problema de los niños que viven en hogares inadecuados y bajo programas de acogida peligrosos.

En 1997, este improbable trío ayudó a elaborar y aprobar la "Ley de Adopción Segura y Familias de 1993" que proporcionaba apoyo y servicios a las familias adoptivas. En 2002, las adopciones en acogida habían aumentado un 64%. Un artículo publicado en enero de 1998 en el Washington Post calificaba la ley como "el cambio más significativo en la política federal de protección a la infancia en casi dos décadas".[30] Y no se detuvieron ahí, sino que siguieron ayudando a impulsar la Ley de Independencia de Acogimiento Familiar de 1999, que se centraba en los niños que quedaban fuera del sistema de acogimiento familiar al cumplir los dieciocho años. Ambos proyectos de ley son considerados iniciativas bipartidistas que han ayudado a cientos de miles de niños.

Otro ejemplo de dos aliados improbables que se unen para resolver un problema es el de las senadoras Joni Ernst (republicana de Iowa) y Kirsten Gillibrand (demócrata de Nueva York). Cuando Gillibrand aún estaba en la carrera presidencial, apoyó al oponente de Ernst en las primarias de 2020. Ernst no dejó que eso le impidiera apoyar un proyecto de ley bipartidista que Gillibrand ayudó a defender para prevenir las agresiones sexuales en el ejército. El proyecto de ley fue aprobado a principios de este año por el Comité de Servicios Armados del Senado. Este proyecto de ley, la "Ley de Mejoramiento de la Justicia Militar e Incremento de la Prevención", es una legislación histórica que cuenta con el apoyo de más de sesenta y cinco senadores, y Ernst y sus colegas están pidiendo una votación en el pleno del Senado sobre la medida completa.

Celinda: Veamos ejemplos de mujeres decididas

De acuerdo con todo lo que acaba de decir Ed, quiero continuar esta línea de pensamiento examinando ejemplos prácticos de resolución de problemas por parte de quienes, históricamente, han sido excluidas del debate o activamente reprimidas. Como mujer que trabaja en el sector de los sondeos, una profesión dominada por los hombres, creo que la diversidad, incluida la diversidad de género, siempre debe formar parte de la manera en que podemos navegar eficazmente hasta alcanzar un acuerdo funcional. ¡No puedes opinar si no tienes un lugar en la mesa! Pero cuando se ofrece ese sitio en la mesa, o en la mayoría de los casos se lucha por él, pueden producirse enormes avances.

A finales del otoño de 2013, el Gobierno se encontró en el precipicio de un cierre prolongado. Las conversaciones se habían estancado a ambos lados del pasillo por el mismo tema de siempre: el presupuesto. Ninguna de las partes parecía dispuesta a ceder a medida que el público estadounidense se sentía cada vez más frustrado, y con razón. La gente quiere que el dinero de sus impuestos se destine a programas y políticas, no que se malgaste en disputas partidistas. Tras semanas sin avance alguno, un grupo de mujeres del Congreso decidió pasar a la acción. Las senadoras republicanas Susan Collins, de Maine, Lisa Murkowski, de Alaska, y Kelly Ayotte, de New Hampshire, redactaron un acuerdo eficiente y pragmático que consideraron que tenía posibilidades de ser aprobado en el pleno del Congreso. Dos senadoras demócratas, Barbara A. Mikulski, de Maryland, y Patty Murray, de Washington, se les unieron rápidamente. Trabajaron muchas horas, se comprometieron y reunieron votos para resolver el acuciante problema directamente relacionado con el presupuesto y evitar así el cierre del gobierno.

Su trabajo bipartidista fue prueba de valentía. En un artículo del 14 de octubre de 2013, el *New York Times* escribió que Collins "marchó al pleno del Senado y desafió a sus colegas a desarrollar algo mejor." La senadora Ayotte pronunció un encendido discurso, que ha sido mitificado como el "discurso de la realidad", en el que dijo a un auditorio compuesto mayoritariamente por hombres: "La situación en la que nos encontramos es inaceptable para Estados Unidos. Es inaceptable como líderes que el pueblo de este país ha elegido. Debemos a nuestros electores el resolver esto ahora".

Ser valiente significa que a menudo te enfrentas a las consecuencias de tus principios. "Probablemente tendré represalias en mi estado", dijo entonces Murkowski. "Está bien. No me molesta en absoluto. Si hay una reacción violenta, qué más da, es lo que pasa en DC, pero mientras tanto, el gobierno iba a cerrar, y hay gente que sufre por ello".[31]

Estas cinco mujeres no estaban en absoluto alineadas ideológicamente. Kelly Ayotte podría clasificarse como republicana del Tea Party. Barbara Mikulski causó sensación por primera vez al pronunciar un polémico discurso en 1970 en la Universidad Católica de América, en el que declaró: "Estados Unidos no es un crisol de razas. Es un hervidero para el estadounidense étnico que siente que ha sido cortejado políticamente y extorsionado legalmente tanto por el gobierno como por la empresa privada".[32] ¡Hablando de polémica! Sin embargo, estas mujeres pudieron centrarse en el problema y encontrar una solución eficaz.

¿Por qué pudieron hacerlo cuando nadie más pudo? En parte porque partieron de una base de respeto nacida de sus experiencias comparti-das en la superación de las barreras de género. También habían pasado tiempo juntas y se conocían como políticas y como personas. Durante años, las mujeres del Senado habían celebrado cenas bipartidistas en las que cada una aportaba un platillo. Cada seis semanas, se turnaban la celebración de la cena, cada una acogiendo a las demás en su hogar. Cada mujer llevaba un platillo y conocía a las familias de las demás. "No creo que sea una coincidencia que las mujeres estuvieran tan envueltas en intentar acabar con este estancamiento", declaró Collins al *New York Times* poco después de que se aprobara el presupuesto. "Aunque abarcamos todo el espectro ideológico, estamos acostumbra-das a trabajar juntas en colaboración".[33]

Durante los polémicos ciclos electorales que comenzaron en 2016, estas cenas pasaron a la historia. "La hermandad ciertamente se ha desvanecido", dijo una fuente privilegiada no identificada al *Político* en 2020. Puede parecer una pérdida pequeña, dados los enormes prob-lemas a los que se enfrenta este país, pero yo la considero significa-tiva, pues "partir el pan" con nuestros vecinos fue una parte integral de mi formación en Montana. Interactuar con personas con las que se tienen relaciones personales fomenta el respeto, así existan diferencias filosóficas. Yo lo sé ¡lo hago con Ed todo el tiempo!

La idea de sentarse y resolver las diferencias con alguien que respetas, pero con quien que no coincides en muchas cuestiones, es un concepto conocido como "democracia deliberativa". En 2021, politólogos de Stanford y la Universidad de Chicago examinaron la eficacia de la estrategia a través de un estudio denominado "Estados Unidos en un Cuarto" o "A1R". Del 19 al 22 de septiembre de 2019, dirigieron una reunión de 500 votantes en Dallas, Texas, en un debate no partidista sobre los temas candentes de las elecciones presidenciales de 2020. Entre ellos, la inmigración, la salud y el cambio climático. "Los participantes fueron cuidadosamente seleccionados para formar una muestra precisa y representativa del electorado estadounidense en toda su diversidad política, cultural y demográfica". Como lo indica el sitio web del proyecto del Centro de Stanford para la Democracia Deliberativa, "sus opiniones sobre los temas y los méritos relativos de los candidatos se documentarán y compartirán con el público, los candidatos y los legisladores, lo que dará una idea más clara, equilibrada e informada del panorama político de cara a las elecciones".

Los resultados del estudio informan de que los participantes se habían polarizado menos en sus propias opiniones sobre la política gubernamental. Además, también declararon sentirse menos negativos con respecto a las personas del partido contrario con puntos de vista opuestos.[34]

Cuando los estadounidenses hablamos entre nosotros, haciendo un esfuerzo por escuchar y asimilar otras perspectivas, es más probable que nos demos cuenta de que queremos las mismas cosas; somos más proclives a ceder; somos más proclives a resolver problemas. No se trata de una alegre perogrullada; los datos revisados por expertos lo corroboran. Creo mucho en los datos. Debo hacerlo. He forjado una carrera al rededor del uso de datos para hacer oír mi voz en salas donde de otro modo podría haber sido ignorada. Por eso me alegré tanto de que la vicepresidenta Kamala Harris recuperara las cenas entre senadoras en junio de 2021. Invitó a cenar a su residencia a todas las senadoras en ejercicio, dieciséis demócratas y ocho republicanas. Asistieron todos menos cuatro. Hablaron de política y transigencia. Cada una trajo un platillo. La vicepresidenta hizo bocadillos de queso.

Es claro que unos cuantos bocadillos de queso no van a arreglar nuestras escuelas ni a aumentar nuestros salarios, pero cuando se reúnen de buena fe, estas mujeres tienen el poder de lograr un cambio duradero. Algunas veces, empezar de forma sencilla, partiendo el pan, puede producir una base sólida. Creo que podemos y vamos a construir sobre esos cimientos. Siempre apuesto por las mujeres fuertes.

Quizá el potencial de la "democracia deliberativa" pueda apreciarse al abordar cuestiones importantes, como la deuda estudiantil. En nuestras encuestas, hemos reconocido un creciente consenso a favor de algún tipo de alivio para la deuda estudiantil, pues seis de cada diez adultos afirman tener dificultades para hacer frente a los pagos de sus préstamos estudiantiles. Así, casi dos tercios de los estadounidenses están a favor de algún tipo de condonación de la deuda, mientras que la mayoría apoya cancelarla en su totalidad.[35] Sin embargo, éstas pueden ser sólo soluciones a corto plazo. Escuchando y deliberando con Ed y colegas del otro lado del pasillo que ven la cuestión desde un prisma diferente, he podido también ver este asunto desde otro ángulo. He podido considerar su punto de vista respetuosa y cuidadosamente.

Apoyo la condonación de la deuda estudiantil, pero esto no resolverá el problema de fondo. Llegará una nueva generación, que necesitará títulos y luego se verá atada con más deuda. Para resolver el problema, debemos reducir el coste de la educación universitaria, limitar el endeudamiento de los estudiantes y bajar los tipos de interés. La matrícula universitaria gratuita o subvencionada es otra solución que puede atacar la raíz del problema. Veinte estados han implementado programas de instituciones universitarias comunitarios gratuitos. Su éxito ha sido enorme y han sacado a miles de personas de la pobreza.

Ese es el *verdadero* objetivo: hacer progresar económicamente a la gente sin cargarla con deudas que no tiene esperanza de poder pagar. Sea cual sea tu ideología, estarás de acuerdo con eso. Así nos entendemos más claramente cuando deliberamos, y un entendimiento más claro puede conducir a soluciones bipartidistas más consensuadas.

De cara al futuro

En capítulos posteriores, examinaremos los peligros de las redes sociales y los medios de comunicación tradicionales y cómo la epidemia del COVID-19 es una encarnación perfecta de nuestra hiperpolarización. También mostraremos cómo las estrategias de resolución de problemas que hemos analizado en este capítulo pueden ayudar a resolver esos problemas. Tenemos herramientas que pueden sacarnos gradualmente de las arenas movedizas en las que nos encontramos. Nuestra capacidad de progresar depende de que las utilicemos.

Capítulo 6

Redes no tan sociales: Reparación de una conectividad que solía ser prometedora

Las redes sociales son un arma de doble filo. Por un lado, han abierto el proceso democrático a voces no escuchadas en los medios tradicionales. Nadie puede negar el impacto positivo que tiene la inclusión de las voces de las minorías en el diálogo nacional. Sin embargo, las redes sociales también nos permiten acceder a nuestro yo inferior: las partes del cerebro humano que responden a la contención, la controversia y los clics. Las redes sociales se han convertido en un hervidero de información falsa y teorías conspirativas. Los "me gusta" y las visitas son un modelo de negocio que emplea algoritmos diseñados para explotar las debilidades humanas y generar indignación.

La indignación estimula en el cerebro los mismos centros de placer que las drogas. Las empresas relacionadas con las redes sociales explotan esta vulnerabilidad con fines lucrativos. El reto consiste en reformar las redes sociales y permitir al mismo tiempo un debate respetuoso e informado. Esta conexión tecnológica global, relativamente nueva y cuyos tentáculos están en casi todos los hogares y empresas del planeta, tiene, como cualquier cosa nueva, algunos graves retos de crecimiento que superar. Eso no es excusa para la actual disfunción y mal uso rampante en el discurso en línea. Demócratas y republicanos coinciden en responsabilizar más a las plataformas. La desinformación, las noticias falsas y las mentiras descaradas se repiten infinitamente de forma que se tatúan en el cerebro de la gente, alterando la realidad sin tener en cuenta los hechos objetivos reales en cualquier situación dada y, a menudo, con consecuencias nefastas

Cómo llegamos a este punto

Es fácil olvidar que hubo un tiempo antes de que todos tuviéramos la cara inclinada sobre diminutos dispositivos portátiles o miráramos fijamente la pantalla de un ordenador mientras dispara miles de voces a nuestra mente. Para la Generación Z, los niños nacidos entre 1997 y 2015, la historia es diferente a la de los adultos mayores. Crecieron con móviles y computadores, y fueron la primera generación que no conoció la vida *sin* Internet. Prácticamente nacieron con un móvil, un portátil, un computador o un iPad en las manos. Los jóvenes de hoy, la Generación Alpha, ni siquiera pueden imaginar una vida sin conexión.

Para la Generación Z, las redes sociales son su primer idioma. Las plataformas como Facebook, Instagram, Snapchat y YouTube, son fuerzas productivas en sus vidas e influyen en su forma de entender cómo deben interactuar socialmente.; por ello, se necesitan protecciones que les permitan navegar por internet con seguridad. Cada vez hay más pruebas empíricas y anecdóticas de que la interacción en línea puede aumentar los problemas de salud mental de los adolescentes, sobre todo de las chicas de diez a catorce años. Los espacios sociales diseñados para los jóvenes deben estar optimizados para el bienestar social y emocional en lugar del modelo con ánimo de lucro que actualmente está diseñado para fomentar la adicción y la división.

La historia de nuestra actual adicción a la tecnología comenzó en 1989, cuando el programador informático británico Tim Berners-Lee, el reconocido "padre de Internet", acudió a su jefe con una idea para un sistema de gestión de información, que según su jefe era "vaga pero emocionante".[36] Ese mismo año, América Online (AOL) se convirtió en un servicio en línea. Esa era se llamó Generación Y, también conocida como millennials: Los bebés nacidos entre 1980 y 1996. Dado que LinkedIn se fundó en 2002, Facebook en 2004 y Twitter se creó en 2006, los millennials, a diferencia de la Generación Z, no se sumergieron plenamente en el uso de Internet hasta que fueron mayores.

Avanzando rápidamente hasta hoy, treinta años después de que presentara su "vago pero emocionante" sistema, Tim Berners-Lee dirige ahora una entidad llamada World Wide Web Consortium, que pretende "establecer normas, leyes y estándares claros que estriben las webs". En tal calidad, ha advertido de las "fuentes de disfunción" a las que se enfrenta el Internet y de cómo "la lucha por la red es una de las causas más importantes de nuestro tiempo".[37] La advertencia de Berners-Lee se suma a la creciente preocupación mundial por el hecho de que poderosas empresas (que acaparan una enorme parte de la atención de los usuarios) pongan en peligro la posibilidad de un discurso abierto y justo en Internet.

Algo que ambos compartimos con Berners-Lee es su optimismo sobre el futuro de la web. Estamos de acuerdo con otra de sus afirmaciones, aunque en un tono más positivo: "Sería derrotista y poco imaginativo suponer que la web, tal y como la conocemos, no puede cambiar a mejor en los próximos treinta [años]".[38]

Cómo funciona

La tecnología digital está en todas partes y sigue construyéndose, conectándonos cada vez más estrechamente. Se ha convertido en la herramienta *esencial* que utilizamos en todas las facetas de la sociedad; su poder y alcance son inmensos. Por desgracia, la complejidad y el ritmo de innovación de la tecnología dificultan que nuestras leyes sigan el paso. En ninguna parte es esto más cierto que en el ámbito de las redes sociales, especialmente en plataformas de gran impacto social y político como Facebook y Twitter.

Las empresas de Internet, de base tecnológica masiva, saben muy bien que la capacidad de atención del usuario medio es corta y que el "anzuelo" tiene que entrar enseguida. Así, los memes y las aplicaciones de las redes sociales están diseñados para eliminar comentarios y simplificar en exceso cuestiones complejas. Juegan deliberadamente con las emociones del espectador, lo que, en general, es mucho más eficaz que apelar a la razón.

Parte del problema es que la mayoría de los consumidores no entienden cómo funciona el sistema. Entras gratis a tu cuenta de Facebook, entonces ¿*cómo* ganan dinero? Es sencillo: generan ingresos a través de tus globos oculares, a través de envolverte. El sistema se diseñó para envolver bajo una métrica que determina el número de usuarios activos mensuales, no para la verdad. Ese es el núcleo del modelo de negocio: cuantos más ojos se dirijan a sus contenidos, mejor. Para lograr envolver, las redes sociales están diseñadas para acentuar el extremismo. Estudios del MIT demuestran que la desinformación en Twitter viaja seis veces más rápida que la verdad. Esto confirma una observación que suele atribuirse erróneamente a Mark Twain y que desde entonces se ha convertido en una máxima común: "Una mentira puede dar la vuelta al mundo antes de que la verdad tenga la oportunidad de ponerse las botas".

Las redes sociales pueden desempeñar, y de hecho desempeñan, un papel fundamental en las relaciones interpersonales. Sin embargo, desde el punto de vista *empresarial*, hay un objetivo primordial: mantener a los usuarios en la plataforma. Cuanto más tiempo permanezcas en Facebook o Twitter, más anuncios verás y más dinero ganarán las empresas. Esta transición de *red social a medios sociales*, al ofrecer contenidos que van más allá de tu grupo social, te mantiene enganchado y, por tanto, durante más tiempo en la plataforma. El contenido que mantiene a la gente más tiempo en la plataforma es el más provocativo y con mayor carga emocional, que también es, en última instancia, el más polarizador.

Las redes sociales amplifican las voces más fuertes y polarizadas como un megáfono global. La gran ironía es que la mayoría de los estadounidenses (los centristas, los pensadores y los que buscan la verdad) no suelen ser escuchados.

Lamentablemente, los gigantes tecnológicos no han estado dispuestos a controlarse creyendo que ello podría afectar negativamente sus resultados. ¿Quién debería ser responsable de dar forma a nuestro futuro tecnológico si nosotros no podemos? No debemos seguir dando rienda suelta a las empresas tecnológicas. ¿Qué papel desempeñan el gobierno, la educación, las empresas y los consumidores? Los líderes de todos los grupos de interés deben unirse para reestructurar el funcionamiento y eliminar una de las amenazas más potentes para nuestra democracia.

Desinformación y cámaras de eco

No es ningún secreto que el anonimato reduce la adjudicación de responsabilidad. Es mucho más fácil faltar al respeto a alguien en Internet que cara a cara. Las redes sociales también dividen al electorado en pequeños grupos ideológicamente similares, segregados en "comunidades cerradas" de información, a menudo *desinformación*. Es fácil encontrar personas que refuercen al instante tu visión del mundo. Los candidatos a cargos públicos pueden llegar directamente a estos grupos y dirigir su mensaje a ellos.

La gente busca información que se ajuste a sus puntos de vista actuales, lo que ignora o descarta la información contraria a sus creencias. Esto se conoce como *sesgo de confirmación*. Los motores de búsqueda y los algoritmos se complacen en alimentarnos con una dieta constante de información que respalda lo que ya creemos. Como resultado, nos estamos aislando, recibiendo muy poca información contraria a nuestras perspectivas actuales. Deb Roy, científica y profesora titular del MIT, señala que la intención original de Internet era proporcionar la tecnología para que la gente estuviese más conectada. "Pero lo que hemos creado en cierto modo es la mejor máquina de autoclasificación", dijo durante una entrevista en vídeo organizada por la biblioteca JFK (disponible ahora en YouTube).[39]

Algoritmos específicos facilitan y aceleran deliberadamente la "otredad" y la demonización de puntos de vista contrarios. Así lo admitía la investigación interna de Facebook con esta afirmación: "Nuestros algoritmos explotan la atracción del cerebro humano por la división".[40] Las pruebas demuestran que la creciente incivilidad en las redes sociales polariza aún más a sus usuarios y erosiona la confianza. Sin confianza, no puede haber respeto; sin respeto, estamos atascados en una encrucijada, incapaces de avanzar de forma que nos permita alcanzar nuestros objetivos críticos como sociedad.

La voluntad de los extremistas de crear y difundir mentiras completas ha conducido a este pozo negro de arenas movedizas que amenaza con hundirnos. Los argumentos, las afirmaciones y las posturas ya no necesitan basarse en *ninguna* realidad. Las teorías conspirativas que parecen risibles para un bando, el otro las cree con convicción. Hay mucha desinformación, cada vez es más extrema. La desinformación y los hechos alternativos son legitimados. Cualquiera con una agenda puede hacer una entrevista en televisión o en un periódico y quejarse de las "noticias falsas". La moralidad de los hechos basados en la realidad se descarta en favor de falsedades sin fundamento. Incluso cuando se descubren las falsedades, a menudo se repiten tanto que la verdad se pierde en el barullo.

El fallecido Andrew James Breitbart fue un periodista, escritor y comentarista conservador estadounidense. Tras colaborar en los inicios del *Huffington Post* y Drudge Report, fundó *Breitbart* News, un sitio web de noticias y opinión de extrema derecha. Para Ed, *Breitbart News* era, en sus palabras, "el modelo para poner la desinformación en un sitio web de noticias y utilizar los medios sociales para moverla a lo largo de la cadena y obtener una voz desmesuradamente amplificada en nuestras conversaciones nacionales."

Con el tiempo, la desinformación de *Breitbart* News se ha vuelto lucrativa en los negocios y la política. Hemos visto una progresión en el poder de las campañas de desinformación, las ahora cuales movilizan grupos para emprender acciones concertadas, siendo el ejemplo más notable la Insurrección del Capitolio del 6 de enero. La aplicación de la red social Parler es actualmente la base de operaciones de la derecha alternativa, los antivacunas, teorías conspirativas, quienes apoyan QAnon y otros extremistas de derecha.

La desinformación no es benigna. Afecta nuestras elecciones, nuestros protocolos de seguridad frente a pandemias y la vacunación, la igualdad racial y, sobre todo, la confianza en nuestro gobierno y otras instituciones. Digámoslo claramente: operaciones bien financiadas, bien organizadas, y a veces incluso extranjeras, amenazan el discurso político civil, la integridad de nuestras elecciones y el bienestar general y el futuro de nuestra República.

Los votantes opinan

En nuestras últimas encuestas, las redes sociales aparecen como uno de los principales factores que contribuyen a la falta de respeto que se observa en todas partes. Los votantes encuestados consideraban, con razón, que muchos usuarios de redes sociales crean división intencionadamente. Vieron cuántas personas se sienten seguras defendiendo sus posiciones extremas y atacando a los demás porque están detrás de la pantalla de un ordenador. Los votantes encuestados se mostraron preocupados por los algoritmos de las plataformas de las redes sociales, pues garantizan que la gente sólo esté expuesta a sus puntos de vista actuales. He aquí algunas respuestas concretas:

Creo que las redes sociales también desempeñan un papel muy importante en este sentido. Porque al estar detrás de una pantalla, todo el mundo siente que puede decir lo que quiera sin consecuencia (Mujer Independiente).

Una de las cosas es poner a los medios de cara a los gigantes tecnológicos, acabar con los gigantes tecnológicos tienen demasiado poder y controlan tu discurso
(Adulto Mayor Independiente)

Muchos votantes se mostraron preocupados por la censura, aunque se trataba de un aspecto conflictivo para ellos porque, al mismo tiempo, se mostraban recelosos por la cantidad de división e incivilidad que habían visto en sus feeds. He aquí más citas directas:

No digo que haya que censurarnos, y que la gente tenga que decírnoslo. Porque es un tema muy delicado y estoy en esa línea. Pero necesitamos algún tipo de supervisión
(Mujer Independiente)

Cuando les preguntamos por el concepto de "desplataformar", los votantes tuvieron reacciones encontradas. Hubo un fuerte apoyo a la libertad de expresión, pero, al mismo tiempo, los encuestados no creían que la gente debiera poder acudir a las redes sociales para instigar a la violencia. Incluso entre los conservadores extremos no hubo mayor indignación porque Trump fuera removido de Twitter y Facebook.

El grupo de Biden tenía una opinión más firme, ya que consideraba la prohibición como una respuesta necesaria. Incluso los votantes del grupo de Biden más preocupados por la censura y porque no perdamos la libertad de expresión consideraron que, en este caso concreto, la remoción de la plataforma *estaba* justificada. Como lo comentaron algunos:

Tenemos libertad de expresión y creo que todo el mundo debería poder decir lo que quiera en relación con cualquier tema o situación. Sin embargo, que alguien vaya a las redes sociales a instigar una situación que traiga violencia. . . eso no debe tolerarse (Adulto mayor independiente)

Estoy indeciso al respecto porque creo que debería haber libertad de expresión. Lo creo, es importante para mí, pero siento que, si se está incitando disturbios y causando este enorme caos, debería haber consecuencias (Mujer independiente)

Curiosamente, hubo una fuerte resistencia a sugerir una aplicación hipotética que pudiera ofrecer puntos de vista opuestos. Los participantes rechazaron esta idea porque creían que la aplicación sería defectuosa y que ellos son capaces de filtrar opiniones contrarias por su cuenta.

Hacia dónde seguimos

La Dra. Joan Donovan, directora de investigación del Centro Shorenstein de Medios, Política, y Política Pública de la Escuela Kennedy de Harvard, es experta en extremismo en línea, manipulación de los medios de comunicación y campañas de desinformación, establece paralelismos entre los efectos adversos de la desinformación en las redes sociales y el consumo de cigarrillos y la industria tabacalera. Para ella, la desinformación a gran escala es similar al tabaquismo pasivo en el sentido de que también degrada nuestros espacios públicos y afecta negativamente la salud de nuestra democracia; y, como ocurre con las grandes tabacaleras, sólo unas pocas empresas se benefician, mientras que la inmensa mayoría de los estadounidenses pagan la factura.

La industria tabacalera luchó largo y tendido contra la regulación de los cigarrillos, pues sabían que una vez que los legisladores comprendieran los riesgos inherentes a sus productos, se promulgaría una legislación perjudicial para sus márgenes de beneficios. Ante la creciente evidencia de que sus productos son nocivos para la salud de los usuarios y de quienes les rodean, la reacción inicial de las grandes empresas tecnológicas ha sido similar a la de las tabacaleras. Como señala la Dra. Donovan, las grandes tabacaleras se vieron obligadas a poner etiquetas de advertencia en sus empaques y anuncios. Del mismo modo, los gigantes tecnológicos han puesto en marcha medias similares, como filtros y algunos esfuerzos de supervisión para moderar los contenidos.

Lo bueno de todo esto es que hemos visto cambios positivos. Nos animan los comentarios, con hechos y no con noticias falsas, que nos muestran que a la mayoría de los estadounidenses les *molesta* la desinformación y el discurso del odio, así como el grado en que se permiten. Muchas personas de todas las clases sociales se *han* manifestado en contra del vitriolo. No obstante, sigue siendo una cuestión compleja y polémica, ya que algunas facciones consideran que la regulación de la incitación al odio se opone a la protección de la libertad de expresión bajo la Primera Enmienda.

Volviendo al ejemplo de Parler citado anteriormente, a ambos nos quedó claro que ésta carece de políticas sustantivas en relación con la incitación al odio. Como señal inequívoca de que el sector necesita orientación nacional, Parler aceptó filtrar los mensajes de incitación al odio en las aplicaciones que vende Apple. Sin embargo, vemos que siguen permitiendo la incitación al odio en Android y en Internet en general.

El discurso del odio ha conducido a la violencia una y otra vez, especialmente contra las minorías. El aumento de los delitos de odio contra asiáticos en relación con la pandemia ha conmocionado a la comunidad asiática. En nuestras encuestas, el 97% de los encuestados consideraba que la violencia contra los asiático-americanos era un problema grave. Esta opinión se da en todos los subgrupos y en tres de cada cuatro encuestados. La mayoría de la gente está de acuerdo en que debemos emprender acciones legales contra la incitación al odio y la desinformación sobre los asiático-americanos. En todos los partidos, la gente quiere que el gobierno se centre en la cuestión de los delitos motivados por el odio contra los asiáticos, que para muchos tiene sus raíces en el señalamiento de los laboratorios de Wuhan (China) como causa de la pandemia del COVID-19.

Existe una clara necesidad de restringir el modelo tecnológico que utiliza algoritmos para amplificar las voces extremistas. En lugar de limitar el derecho de la gente a decir lo que cree, lo que tenemos que hacer para proteger los derechos individuales bajo la Primera Enmienda, y evitar al *mismo tiempo* que la dañina información unilateral se incruste en la mente de la gente, es concentrarnos en difundir la información de la forma adecuada, mostrando todas las partes de la historia, y reforzar los datos para que sean veraces y objetivos.

Una forma de promover debates más matizados e inclusivos en las redes sociales es ampliar el número de botones que permitan opinar. Facebook, por ejemplo, ha añadido más botones de reacción: amor, cariño, risa, sorpresa, tristeza y enfado. Otros sitios tienen botones de respuesta etiquetados como Provocador, Cariñoso y Cálido, Útil, Entretenido, Injusto, Incivil e Inapropiado. Añadir un abanico de posibles respuestas en Twitter motivaría a la gente a publicar puntos de vista fuera de su coro familiar, animándolos a participar en debates más matizados y complejos que reconozcan puntos de vista divergentes.

La simplicidad de las respuestas actuales de "me gusta o no me gusta" en Twitter y en otros lugares ignora la complejidad de cuestiones e ideas importantes e inhibe el pensamiento crítico o el debate. Los usuarios basan sus reacciones más en la emoción que en la razón cuando sólo pueden elegir "me gusta o no me gusta". Juzgan rápidamente lo que han leído en lugar de intentar *comprenderlo*. Curiosamente, para solucionar este problema, Twitter ha añadido una función cuando se retuitea un artículo de noticias: aparece un mensaje preguntando si en realidad se quiere leer el artículo antes de retuitearlo, en lugar de retuitearlo basándose sólo en el titular. Las opciones de reacción limitadas desalientan el pensamiento independiente y conducen a una mentalidad de grupo, sofocando las voces alternativas. Una gama más amplia de botones rompería la dicotomía del tribalismo "me gusta" frente a "no me gusta" y "nosotros" frente a "ellos", que impulsa gran parte de la incivilidad, la falta de respeto y la desconfianza resultante en nuestro diálogo nacional, ahora desenfrenada.

Desde nuestro punto de vista como encuestadores, vemos que la gente quiere que la tecnología se centre más en las personas y menos en las empresas y que todos los usuarios tengan más opciones y, por tanto, más control, lo que ayudará a equilibrar la balanza de poder.

Aunque dista mucho de ser perfecta, Wikipedia ha sido un modelo exitoso de sitio tecnológico gestionado por una comunidad de usuarios y no por una entidad corporativa con ánimo de lucro. Mostrar abiertamente los objetivos de un usuario por el hecho de estar en una plataforma específica también puede ser una forma de garantizar que se le presenta la información correcta. Por ejemplo, una persona que acude a una plataforma para *informarse* sobre un tema arrojaría resultados distintos que otra que entra por *diversión*. Los sitios también pueden diseñarse para que los consumidores puedan opinar más sobre el tipo de respuestas que quieren recibir, para así hacerles saber a las empresas, organizaciones y demás partes interesadas lo que quieren ver.

Hay pruebas irrefutables de que las mujeres sufren más agresiones en las redes sociales que los hombres. Las cosas degradantes e incluso odiosas que la gente está dispuesta a decir sobre las candidatas y las mujeres de color han aumentado significativamente la negatividad y la división en nuestro discurso público. En Twitter, las candidatas al Congreso sufrieron casi el doble de abusos que los hombres, y a las mujeres de color les fue aún peor en Facebook y Twitter. En Twitter, la congresista demócrata Somali-americana Ilhan Omar recibió la mayor parte de mensajes insultantes de todos los candidatos. En

Facebook, la congresista demócrata de origen puertorriqueño Alexandria Ocasio-Cortez ("AOC") recibió la mayor proporción de abusos. También en Facebook, las mujeres demócratas recibieron *diez veces* más comentarios insultantes que sus homólogos masculinos, mientras que las mujeres republicanas tenían el doble de probabilidades de que se publicaran comentarios ofensivos sobre ellas. Se trata, ni más ni menos, de un acoso sistemático a figuras públicas femeninas.

Tras la debacle de la injerencia rusa de 2016, los gigantes tecnológicos han *empezado* a vigilarse a sí mismos. Pero no es suficiente. El cotejo de información no funciona. Normalmente, refuerza las afirmaciones falsas porque la otra parte desconfía de quien verifica la información. Las plataformas de redes sociales, como Twitter y Facebook, tendrán que establecer y hacer cumplir normas fundamentales. Sólo pueden ser foros de acuerdo y conversaciones civiles en lugar de la vorágine acalorada, desatada e incivil que vemos hoy en día. Muchos sostienen que si las grandes empresas tecnológicas, como Facebook y Twitter, no se regulan a sí mismas, puede que el gobierno tenga que intervenir y hacerlo por ellas

Hoy en día, las campañas de base para reformar los medios de comunicación proceden de grupos africano-americanos, sindicatos, organizaciones religiosas, de educación superior y otras organizaciones progresistas. Estas demandas de reforma se centran en aumentar la representación de las distintas voces e instan a los líderes políticos y mediáticos a promover la democratización de las frecuencias radiales. Afirman que estas pertenecen al pueblo y que están siendo, al igual que los programas de noticias, ensuciadas y abaratadas por intereses comerciales.

En 1996, el Congreso aprobó la "Ley de Decencia en las Comunicaciones". Para nuestra sorpresa, un tribunal federal la declaró una violación de los derechos de libertad de expresión, y el Tribunal Supremo estuvo de acuerdo. Afortunadamente, a pesar de esta decisión del Tribunal Supremo, el artículo 230 de la Ley sigue vigente hoy en día, según el cual "ningún proveedor o usuario de un servicio informático interactivo será tratado como el editor o el altavoz de cualquier información proporcionada por otro proveedor de contenido de información".[41] Jeff Kosseff, profesor asistente de Derecho en Ciberseguridad de la Academia Naval de los Estados Unidos, publicó un libro en abril de 2019 titulado *The Twenty-Six Words That Created the Internet* (Las Veintiséis Palabras Que Crearon Internet), basado en la frase de veintiséis palabras que comprende el artículo 230. El artículo 230 protege a los proveedores de servicios y plataformas de Internet, como Facebook y Twitter, de demandas derivadas de los contenidos de los usuarios. Esto ha permitido su rápido crecimiento, junto con el rápido crecimiento de proveedores como YouTube, que de otro modo tendrían que verificar cada uno de los cien vídeos que se suben a su plataforma cada minuto de cada día.

No existen protecciones similares a la del artículo 230 en la UE o Canadá, por lo que las plataformas de redes sociales más populares tienen su sede en Estados Unidos. El senador Chuck Grassley (R-IA) declaró: "Es hora de que examinemos la inmunidad bajo el artículo 230 y hasta qué punto estas empresas tecnológicas están abusando de su poder monopolístico ".[42]

Hay tres categorías principales para remediar y mejorar el actual modo polémico de los Gigantes Tecnológicos, siendo el más importante *la seguridad pública*. El uso indebido de la tecnología puede perjudicar a individuos y comunidades (especialmente a las comunidades de color), así como comprometer la integridad del proceso electoral y de toda nuestra democracia. Reformar el artículo 230 para crear responsabilidades por contenidos ilegales y reducir la amplificación artificial son objetivos significativos para ayudar a garantizar la seguridad pública. Nick Clegg, vicepresidente de Asuntos Globales de Facebook, ha identificado áreas de acuerdo bipartidista en la regulación de las plataformas de medios sociales. Lo primero en su lista es reformar el Artículo 230.

Estamos convencidos de que las grandes empresas tecnológicas deben asumir su responsabilidad y moderar los contenidos de sus sitios web. Deben aplicar políticas y prácticas claras y viables para identificar contenidos ilegales, la incitación al odio, y la desinformación. Al mismo tiempo, el Congreso debe crear marcos y normativas que la industria tecnológica pueda seguir. Con una legislación de este tipo se iniciaría un proceso transparente de revisión de los contenidos de las redes sociales. Una mayor supervisión y responsabilidad obligará a las empresas de Internet a seguir las mejores prácticas. Con el odio, el extremismo y la desinformación en plataformas de medios sociales tan tóxicas y destructivas como los incendios forestales, la auto vigilancia y la autorregulación por parte de las empresas tecnológicas han fracasado hasta ahora. Ya es hora de que el gobierno intervenga y regule la industria de las redes sociales, al igual que regula una miríada de industrias que afectan a la seguridad y el bienestar de todos los ciudadanos, incluidas la alimentación y la salud.

Lo que se necesita es un planteamiento basado en sistemas que vaya más allá del actual enfoque superficial de señalar mensajes perjudiciales individuales o actividades ilegales. Iluminar los mecanismos utilizados por las plataformas de redes sociales que acosan, intimidan y discriminan nos guiará en el diseño de estrategias para mitigar la amplificación del extremismo, el abuso y la incitación al odio en línea.

El segundo ámbito que necesita una reforma es el de *la privacidad y la vigilancia*. Como ya se ha señalado, Facebook y otras plataformas ganan dinero en función de las miradas que atraen a sus contenidos. Los gigantes tecnológicos nos espían y obtienen beneficios vendiendo nuestra atención a otras entidades que quieren vendernos algo, ya sea un objeto o una idea. Se necesitan reformas para rastrear y atajar las prácticas de vigilancia y publicidad que sirven a intereses particulares. Los sistemas de auditoría y transparencia están muy atrasados en proteger la privacidad de los consumidores.

Actualmente hay un proyecto de ley en la Cámara de Representantes llamado "Ley de Privacidad de la Información y Transparencia de Datos" y otro en el Senado llamado "Ley de Cuidado de Datos". Estos textos legislativos están concebidos para establecer normas nacionales que protejan la intimidad y el bienestar de los consumidores. Estos proyectos de ley prohibirían a los proveedores utilizar, divulgar o vender cualquier dato identificativo que pudiera perjudicar al consumidor. Además, las empresas tecnológicas estarían obligadas a obtener la aprobación de un organismo gubernamental de control para vender información privada. Si se concediera dicho permiso, se les exigiría que mantuvieran registros de cuándo y a quién comparten o venden nuestra información personal.

Colegios, instituciones médicas, abogados e instituciones financieras poseen información personal sensible y por ello operan bajo directrices de protección del consumidor. Las plataformas en línea acumulan y retienen el mismo tipo de información privada, perjudicando potencialmente al consumidor; sin embargo, en la actualidad no operan con arreglo a normas y procedimientos nacionales coordinados. Los legisladores elaboraron nuestra política pública siguiendo las directrices del siglo XX. Ahora que nos adentramos cada vez más en la Era de la Información, debemos proteger la información personal de los abusos de las empresas tecnológicas mediante una legislación del siglo XXI elaborada cuidadosamente.

El tercer ámbito listo para ser reformado es el *económico*. Las grandes empresas tecnológicas son monopolios que aplastan a su competencia. Por ejemplo, sólo en 2020, la App Store de Apple ingresó 64.000 millones de dólares. Apple cobra un 30% por todas las aplicaciones descargadas de su tienda de aplicaciones y no permite a los creadores de aplicaciones ofrecer a sus clientes alternativas de pago. El fabricante de juegos Epic demandó a Apple por tales supuestas prácticas monopolísticas en su tienda de aplicaciones. Según la demanda antimonopolio de Epic, tal práctica equivale a un monopolio para un juego masivamente popular, como Fortnite de Epic. Cuando un juez federal emitió su esperada sentencia sobre esta batalla legal, ninguna de las partes obtuvo lo que quería. Mark Lemley, profesor de la Facultad de Derecho de Stanford y experto en asuntos antimonopolio y tecnología, calificó la sentencia, de 180 páginas, como una decisión dividida. "Mejorará la competencia en los márgenes, pero no es el cambio fundamental que esperaban Epic y los defensores del caso antimonopolio", dijo.[43]

Los gigantes tecnológicos utilizan su dominio del mercado para intimidar o comprar a sus competidores. Mantener un mercado libre y justo reduciría el poder de mercado de los Gigantes Tecnológicos. La legislación antimonopolio es una idea que tanto republicanos como demócratas apoyan. El senador republicano Chuck Grassley, presidente pro tempore emérito del Senado, y Amy Klobuchar (demócrata de Minnesota), son coautores de un proyecto de ley que pretende frenar el dominio del mercado de los pesos pesados de la tecnología. El senador Grassley habló en el pleno del Senado contra el poder y las prácticas monopolísticas de los gigantes tecnológicos, recordando que Google controla el 87% del mercado de búsquedas en Internet, Facebook tiene 2.800 millones de usuarios activos mensuales, que las personas tuitean 500 millones de veces al día y ven más de mil millones de horas de vídeo en YouTube cada día. El senador Grassley declaró: "Cuando una empresa tiene poder de monopolio, deja de estar limitada por las fuerzas normales del mercado. Si estas plataformas tuvieran competidores, los consumidores podrían elegir alternativas. Ahora mismo, la única opción que tienen los consumidores es tomarlo o dejarlo".[44]

Este proyecto de ley forma parte de un movimiento creciente para educar a los consumidores sobre la fiabilidad (y la mayoría de las veces la falta de fiabilidad) de las fuentes de noticias. Aumentar la alfabetización mediática pública tiene sentido. También podemos educar a los niños para que sean más críticos a la hora de consumir información de manera digital. Cuando las discusiones en línea son civiles, aumentan la confianza. Los jóvenes adultos que hoy utilizan esta nueva tecnología tienen el futuro en sus manos. Tienen que dar un paso al frente y ser los principales impulsores de los esfuerzos de reforma. Hacemos todo lo que *podemos* para fomentar y facilitar este proceso. Esto incluye nuestra participación y promoción de los programas de civismo para futuros líderes políticos que se celebran cada año en el Instituto Georgetown de Política y Servicio Público de Mo Elleithee. Estos programas sirven de plataforma de lanzamiento para los jóvenes líderes del mañana y son un prototipo para que otras universidades e instituciones de educación superior creen programas similares.

Somos encuestadores, no filósofos, pero tenemos en común con los filósofos que también tenemos que ser observadores agudos del comportamiento humano para ser eficaces en nuestro trabajo. Debemos tener una buena idea de cómo piensan y reaccionan las personas bajo diversas circunstancias. Para ello, hacemos todo lo posible por estar al día de la literatura y de muchos aspectos de la cultura popular. Compartiendo algunos de los temas en los que hemos profundizado, ambos aprendimos mucho de las obras de Joseph Campbell. En 1949, Campbell, filósofo, profesor y célebre autor de libros clásicos de mitología comparativa (El Héroe de las Mil Caras y El Viaje del Héroe) escribió sobre la dualidad de la naturaleza humana y el yo en la sombra.

Incluso antes que Campbell, en cada una de sus obras, desde la comedia a la tragedia, los personajes de Shakespeare demostraban la dualidad de la naturaleza humana, mostrando que todos tenemos lealtades y defectos diferentes. La realidad de que los seres humanos no somos perfectos no sorprende a nadie. Aun así, necesitamos urgentemente cambiar nuestros medios de comunicación para que nos ayuden a ser mejores a pesar de las imperfecciones humanas. Tenemos que explorar qué es lo que ha salido mal en nuestras relaciones con los demás y, en ese proceso, encontrar formas de restaurar el respeto, la confianza y el civismo humano básico en nuestra profundamente dividida nación.

Capítulo 7

Los medios de comunicación:
Apagando las llamas de la discordia

El retiro de respeto de Ed

"¿Dónde están nuestros Walter Cronkites?"

Se lo pregunté a Celinda Lake y Mo Elleithee una noche del verano de 2021 mientras veíamos ponerse el sol desde mi balcón en la zona baja de Carolina del Sur. Nos habíamos reunido en mi casa durante casi una semana para debatir los problemas políticos y sociales del momento y ver si podíamos encontrar puntos en común y, tal vez, soluciones. Apodamos tal viaje como *El Retiro del Respeto*.

Seguí mi pregunta con una observación: "Ciertamente no hay Cronkites en las noticias por televisión".

"Todavía quedan periodistas objetivos", respondió Mo. "Salen en las noticias locales a las seis de la tarde durante media hora".

"Y no consiguen que los vean lo suficiente", dijo Celinda.

"La clase media tiene que tomar una decisión", dije levantándome para encender la luz del balcón.

"Ya han decidido", respondió Celinda. "Lo único que les importa es el resultado final".

"Lo que daría por oír una vez más a Cronkite decir: '*Y así son las cosas*', dije.

La frase característica de Cronkite fue algo más que una pegajosa despedida durante los diecinueve años que presentó el *noticiario vespertino* de CBS. Fue una declaración de lo que debe ser un noticiero: honesto, imparcial y basado en hechos. "Nuestro trabajo es sólo sostener el espejo, contar y mostrar al público lo que ha sucedido", dijo Cronkite en una ocasión.[45]

Eso está muy lejos del panorama informativo actual en pleno 2022. Aquella noche en Carolina del Sur, los tres, que discrepamos en muchas cuestiones políticas, coincidimos en que algo está fundamentalmente mal en nuestros medios de comunicación. Se han vuelto cada vez más inciviles, alimentados por la parcialidad y la competencia por la audiencia, todo lo cual degrada nuestro discurso público. Los medios de comunicación promueven historias con fines políticos; el sensacionalismo triunfa sobre la sustancia. En algún momento, la verdad se descartó como irrelevante o, peor aún, aburrida.

A medida que la luz del crepúsculo se desvanecía en la oscuridad, nuestra conversación sobre el lamentable estado de los medios de comunicación continuó hasta bien entrada la noche. Se planteó la cuestión de la responsabilidad. Aunque la situación de los principales medios de comunicación refleja problemas sociales de mayor envergadura, hemos decidido que la clase mediática es la principal responsable. También debatimos qué parte de la responsabilidad la tienen *los consumidores* de medios de comunicación, con opiniones divergentes. En consonancia con su posición en otros temas, Mo cree que el público debe responsabilizarse más de lo que ve, lee y escucha. Yo dije que los medios de comunicación y las instituciones afines deberían exigirse a sí mismos un nivel más alto. Celinda llegó a una conclusión en medio de ambas ideas.

Versiones de esta conversación se están sosteniendo, ahora mismo, por todo Estados Unidos en balcones y mesas. El tono de estas conversaciones suele reflejar la misma actitud frustrada, casi derrotada, de mis colegas y mía. Pero esa noche, los tres, cansados de lamentarnos constantemente, abrimos una botella de vino y, sentados uno frente al otro, continuamos nuestro discurso con una larga y respetuosa conversación sobre lo que podría hacerse al respecto. En este capítulo ofreceremos algunas ideas que se nos han ocurrido.

Por otra parte, esta conversación me hizo recordar las conversaciones de mi infancia a la hora de la cena, en las que se nos animaba a expresar nuestras opiniones. Doy crédito a mis dos padres por ese gran obsequio. Excepto cuando se iba a la guerra, mi padre llegaba a casa todas las tardes a las 5:45, besaba a mi madre y se quitaba el uniforme. Luego, nos sentábamos en familia a ver las noticias de las seis de la tarde. Cuando terminamos a las 6:30, nos sentamos a la mesa para comer y charlar sobre lo que acabábamos de ver. Hoy en día, pocas familias estadounidenses se sientan juntas a cenar, mucho menos a discutir las noticias del mundo alrededor de la mesa. Esta, por cierto, fue una tradición que mantuvimos cuando mi padre estaba en Vietnam, una época muy tensa, tanto por la guerra como por el racismo. También recuerdo que mi padre solía decirme: "El sueño americano consiste realmente en que la próxima generación no sólo mejore económicamente, sino también en su educación, en su fe y en su seguridad personal en casa y en el extranjero."

Así que, al deconstruir lo que ha salido tan mal con los medios de comunicación en relación con la ausencia de información imparcial y objetiva, también analizamos en profundidad las partes quebrantadas del Sueño Americano.

El panorama actual

Dado que las plataformas cambian a menudo, conviene empezar esta parte de nuestro examen definiendo lo que consideramos *medios tradicionales*, especialmente porque algunos no son "tradicionales". Clasificamos los medios de comunicación tradicionales en estas tres grandes categorías:

1. Periodismo escrito, que incluye los formatos impreso y digital.
2. Informativos audiovisuales, tanto de cadena como programas en línea.
3. Ondas de radio.

Para cumplir los criterios, las entidades deben ocuparse explícitamente de la distribución de noticias, un espectro ciertamente amplio. También deben trabajar en colaboración con las empresas de medios de comunicación, no sólo con creadores independientes. Por ejemplo, el programa de YouTube del experto de derechas Steven Crowder, que goza de gran popularidad, se consideraría un medio de comunicación tradicional porque está financiado por The Blaze Media Corp, mientras que Substack, el boletín informativo independiente izquierdista igualmente popular de Glenn Greenwald, no lo sería. Esta amplia definición nos deja con un verdadero diluvio de medios de comunicación de los que cribar, examinar y extraer conclusiones. ¿Por dónde empezar? Pues, con la gente, por supuesto.

La confianza en los medios de comunicación está en mínimos históricos. Según nuestra encuesta Battleground de 2021, el 60% de los estadounidenses sólo confía en su medio de informativo local. El nivel de confianza en las noticias nacionales de la cadena ABC se sitúa en el 51%, mientras que para CNN es del 47%. Los votantes declararon sentir una gran fatiga informativa. Los participantes de ambos grupos admitieron ser incapaces de seguir viendo o leyendo las noticias, sintiendo que se tenían que desconectar para no sentirse abrumados y alterados.

Los participantes de nuestros grupos de discusión también reflejaron su desagrado por los medios de comunicación. He aquí algunas respuestas de una encuesta que realizamos en junio de 2021:

> *Estoy muy frustrada. Ya no sé qué hacer. No veo noticias por estos días. Ya ni me tomo la molestia.* (Mujer independiente)

> *Para mí ha llegado un punto en el que ya me he hartado de todo eso. Simplemente me mantengo alejado porque ha sido un año muy duro viendo todo lo que sucede todo el día, todos los días.* (Adulto Mayor Independiente)

Los votantes no culparon a ninguna persona o institución. Además, votantes de ambos grupos expresaron su preocupación por el papel que desempeñan los medios de comunicación en la división. Sin embargo, incluso en este caso, los votantes estaban divididos en cuanto a los medios de comunicación a los que culpaban. Algunos votantes de Trump culparon a los medios de comunicación liberales, mientras que los votantes de Biden parecían más preocupados por todos los medios de comunicación *por cable*. Aunque no fue un sentimiento universal, casi todos los participantes coincidieron en que los medios de comunicación han contribuido a la división y la incivilidad en el país. A la pregunta de *cómo* contribuyen los medios de comunicación a la "incivilidad", los votantes respondieron lo siguiente:

> *Fue un problema de los medios de comunicación.* (Adulto Mayor Independiente)

> *Todo lo que sucede hace que todo el mundo se polarice. Los medios de comunicación también juegan un gran papel en reforzar ese tipo de cosas.* (Adulto Mayor Independiente)

Los votantes de Trump culparon en gran medida a la izquierda, preguntándose incluso si ésta colaboró con los medios de comunicación para crear más división en el país. Todos los votantes del grupo de Trump coincidieron en que los medios de comunicación liberales eran un "factor importante" en las divisiones de nuestra sociedad.

Como todo el mundo está diciendo, ellos [la izquierda] tienen periódicos, tienen a los medios de comunicación de su lado. Así que pueden decir prácticamente lo que quieran. (Adulto Mayor Independiente)

El sentimiento de esta mujer es sincero, pero no cuenta toda la historia. Sí, hay muchos periódicos liberales, pero no falta "el otro lado" para todas las ideologías. Los medios de comunicación que promueven una única ideología siempre han existido y siempre existirán. Se puede echar la vista atrás a un periódico de 1789, *La Gaceta de Estados Unidos,* que apoyaba al Partido Federalista, rivalizando con la *Gaceta Nacional y Philadelphia Aurora*, que estaban a favor de los demócratas-republicanos. Las acusaciones en prensa de entonces eran tan feroces como las de hoy y no menos partidistas. Si buscamos en los anales de la relación de nuestro país con la prensa, este patrón se sigue repitiendo. Las políticas sobre las que se discuten cambian, pero la división sigue siendo partidista.

Teniendo en cuenta esta historia, no estamos aquí para criticar el mensaje político de los medios de comunicación, sino que queremos examinar los mecanismos modernos a través de los cuales se transmiten. Es difícil convencer a los estadounidenses de que las posiciones que consumen son tendenciosas cuando han estado impregnados de esos mensajes durante décadas. Decirle a un televidente veterano de FOX News o MSNBC que sus expertos están cegados por la ideología suele provocar respuestas del tipo "¡Pues el otro bando también lo hace y es mucho peor!". Esperamos que si logramos rastrear algunas similitudes *en la forma* en que se emiten esos mensajes, podremos mostrar cómo se utilizan las mismas técnicas para dividirnos en ambos extremos del espectro. Tales mecanismos son exclusivos de esta época y son singularmente peligrosos.

Este capítulo analizará las cinco formas principales en que se difunden las noticias, así como la manera en que dividen a los estadounidenses y fomentan la falta de respeto en nuestro diálogo nacional.

1. Los medios de comunicación utilizan la negatividad para generar clics y atraer miradas, lo que se traduce en dinero.
2. Los "silos" de información mantienen a espectadores y lectores apegados a una ideología concreta, impidiendo el desacuerdo y el diálogo respetuosos.
3. Los expertos y las publicaciones se dirigen al votante cínico.
4. Los medios de comunicación ahora definen las noticias en lugar de informar sobre ellas.
5. Los medios de comunicación utilizan temas que no vienen al caso, como la corrección política, para provocar indignación en lugar de centrarse en los problemas de fondo.

En las próximas páginas profundizaremos en cada uno de estos factores, siendo el mejor lugar para empezar la pregunta que Ed planteó al principio: *¿Dónde están nuestros Walter Cronkites?* Para contar la historia de cómo nuestro paisaje mediático actual llegó hasta este punto, tenemos que examinar la historia de las noticias por cable, cómo se transformaron en toxicidad y qué podemos hacer para inyectar de nuevo el espíritu del respeto en el discurso.

Noticias por cable

Las noticias por cable se han convertido en un formato tóxico y polarizador. Eso es cierto y, como hemos dicho antes, no es exclusivo de esta época. Antes de la "era dorada" de las noticias por cable, inaugurada por Cronkite y sus contemporáneos en los años sesenta, no existían los medios de comunicación no partidistas. La información estaba controlada por las inclinaciones políticas de los propietarios de los periódicos. El multimillonario empresario de Oklahoma, Edward Gaylord, era propietario del periódico *The Oklahoman* y, como era de esperar, publicaba sus editoriales de derechas en la portada del periódico. Difícilmente un reportaje imparcial. Había un periódico para cada perspectiva. En la década de 1940, Nueva York tenía siete diarios diferentes (era posible conocer cuál era la visión política de una persona por el periódico que compraba).

Al principio de la era electrónica, las cosas cambiaron con la llegada de la radio de noticieros de larga duración y con las tres grandes cadenas de noticias: CBS, NBC y ABC. Hubo un momento en nuestra historia en que nuestros medios de comunicación eran algo menos partidistas. Las cadenas de televisión decidieron utilizar un modelo de negocio centrado en los hechos y no en bravatas. El sentimiento predominante era: "Walter Cronkite va a exponerte los hechos. Tú sigues de ahí".

Luego, se descubrió cómo hacer que la radio y la televisión se parecieran más a los periódicos de antaño y tuvieran un sesgo partidista. Este cambio comenzó en los programas de opinión por radio y se trasladó a las noticias por cable. Nuestro ecosistema mediático, que con razón se siente terrible y *es* terrible, está, de hecho, donde ha estado la mayor parte del tiempo. La diferencia radica sólo en la escala, con emisiones que añaden una nueva dimensión a la toxicidad.

En la época de Cronkite, las organizaciones de noticias informaban más ampliamente sobre los acontecimientos y no se dirigían a audiencias tan específicas. Querían que sus informativos atrajeran a *todos* los estadounidenses, independientemente de sus afiliaciones políticas. El respeto por la verdad y la imparcialidad eran las bases sobre las que las cadenas informaban. Cronkite dijo: "En la búsqueda de la verdad, debes obtener ambos lados de una historia".

En la actual cámara de eco de los modernos medios de comunicación masivos, la gente sólo oye una versión de cualquier historia. Hoy en día, ver el mismo acontecimiento o acto legislativo cubierto de forma distinta por FOX y CNN puede ser entretenido y preocupante. Ninguno de los dos hará nada para equilibrar sus informes, pues ven su partidismo como un contrapeso necesario a la parcialidad de su competencia. Los estadounidenses ven FOX, CNN o MSNBC, que es lo *único* que ven, de manera selectiva. Elegimos la información, ya sean periódicos, revistas, shows de opiniones y entrevistas u otros medios, que apoye nuestra visión del mundo, haciendo caso omiso de los hechos contradictorios a esta, y nos sentimos reconfortados al validar continuamente nuestras creencias a través del interminable ciclo de noticias.

Sea cual sea tu tendencia política, tienes un surtido de noticieros que reafirmará tu ideología. ¿Enfadado con Biden? Ve tu enojo reflejado en tu presentador favorito y el panel de expertos. ¿Perdiste tu empleo por causas económicas ajenas a tu voluntad? Enciende la televisión y deja que tu noticiario te ofrezca un chivo expiatorio.

Con el tiempo, se han desarrollado herramientas para manipular a los votantes cínicos. Los noticieros por cable han encontrado especialmente útiles los "silos informativos" de los que hablábamos antes. Ese término procede del mundo empresarial. Allí, el término se refiere a divisiones independientes que no comparten su información. Los silos funcionan de forma muy parecida en los medios de comunicación: la comunicación cae en picada, se forman facciones y disminuye la productividad. En lo que respecta a las noticias por cable, la cuestión es que este modelo de negocio *funciona* para la cadena, pero no para el consumidor. Los medios de comunicación descubrieron que, al adoptar posiciones duras, como un silo para que la gente "se quede dentro", lograban solidificar y aumentar su audiencia.

Este enorme problema va más allá de la política. Cuando la gente ve las noticias por cable, no está recibiendo información que sólo sirve para saber cómo ven a la clase política. Su silo de visión se convierte en cómo ven *Estados Unidos* y cómo ven la *sociedad*: Influye en su forma de ver el mundo. Las cadenas han adoptado sus visiones del mundo como su "base de operaciones" para las personas que comparten esos puntos de vista.

Los datos de nuestra encuesta Battleground lo confirman de forma alarmante en todos los temas candentes del momento. La valoración favorable/desfavorable de Black Lives Matter entre los espectadores de FOX News es de 17/78, mientras que entre quienes no ven FOX, es de 59/35. QAnon tiene una calificación desfavorable del 27% entre los espectadores de FOX, con un 44% que nunca le han oído mencionar. Entre los espectadores que no son de FOX, tiene una valoración negativa del 57%, y sólo el 30% nunca le han oído mencionar.

El Dr. Anthony Fauci tiene una valoración favorable/desfavorable entre los espectadores diarios de FOX de un 20% favorable y un 69% desfavorable, mientras que entre los espectadores que no son de FOX, es 64% favorable y 27% desfavorable. El 56% de los espectadores diarios de FOX citan la "cultura de la cancelación" como un problema extremadamente o muy fundamental, frente a sólo el 32% de quienes no consumen esta cadena. Hay una excepción notable: la mayoría de los espectadores diarios de FOX (56%) y quienes no ven FOX (69%) dicen que negarse a aceptar los resultados electorales es un problema extremadamente importante o muy importante.

Estas cámaras de eco son un gran problema que se ve agravado por otras técnicas que las cadenas de noticias utilizan para dividir al electorado. Una de esas técnicas es cómo juegan con el marco de las historias. En lugar de reportar las noticias, como hacía Cronkite, los medios de comunicación ahora las *definen*. FOX ha estado a la vanguardia de un cambio significativo en la forma de presentar la información. FOX impulsó con éxito las campañas negativas contra el Nuevo Pacto Verde y Medicare para Todos al definir esos temas para sus espectadores. Cubren las noticias de la forma que saben que reaccionará su audiencia.

En su libro de 2013 *Reportando Noticias*, el profesor de Harvard Thomas Patterson sostiene que las cadenas de noticias por cable han desarrollado una estrategia fácil, barata e ingeniosa. Cuando un político hace algo de interés periodístico, los periodistas se ponen en contacto con oponentes o expertos que saben que atacarán esa postura. El componente crucial de este enfoque agresivo no es la ardua tarea de una investigación minuciosa de los hechos, que consume más tiempo, sino más bien una búsqueda relativamente fácil de alguien que "desmonte las cosas". Los programas de noticias por cable suelen reunir a un *panel* de expertos y políticos de ambos lados del espectro que atacan al autor de una noticia al tiempo que atacan a los demás miembros del panel.

Nuestra estructura de incentivos tóxicos alimenta directamente este modelo. Celinda conoce muchos periodistas que escriben artículos perfectamente decentes y bien equilibrados para el *Washington Post*. Sin embargo, cuando salen en las noticias por cable, se convierten en habladores polarizadores. ¿Por qué? Su número de seguidores en Twitter se dispara cada vez que tienen un segmento particularmente vitriólico. Así es como se les recompensa, a los patrocinadores les encantan las métricas de las redes sociales.

En su afán por atraer a más espectadores, los noticieros se dirigen al votante cínico. Ed cree que Tucker Carlson fue en un momento un conservador muy reflexivo y razonable, uno de los mejores reporteros, siempre investigaba y planteaba buenas preguntas basadas en hechos. Luego FOX le dio un programa nocturno, donde sustituyó a Bill O'Reilly, y de repente, para asombro de Ed, se convirtió en un demagogo. Su retórica explota a los espectadores apelando a sus miedos y prejuicios con fines políticos. Para Ed, Sean Hannity es otro buen ejemplo de esta nueva raza de periodistas del entretenimiento. Ed describe el estilo de Hannity como ampuloso y dice que a menudo suena como la frase de Macbeth en cuanto a que la vida es "un cuento contado por un idiota, lleno de ruido y de furia, que no tiene ningún sentido."

Al final, todo se trata de atraer espectadores. El mercado impulsa la cobertura. Lo causan los patrocinadores, los donantes y los espectadores.

Esa noche en Carolina del Sur, Mo contó una anécdota sobre su viaje por Europa en 2016. Encendió CNN Internacional y vio un cubrimiento exhaustivo de la batalla de Alepo, una gran noticia en Siria en ese momento y un conflicto al que a veces se hace referencia como "el Stalingrado de Siria". Al día siguiente, voló a casa y puso CNN. Para su sorpresa, no se mencionó Alepo, no porque fuera una noticia menos importante, sino porque no era lo que interesaba a la audiencia estadounidense. En su lugar, se encontró con los programas de opinión y entrevistas de siempre discutiendo sobre algún tema que ya se ha desvanecido, olvidado hace tiempo, a pesar de que la gente en Alepo seguía sufriendo.

Alepo fue incuestionablemente una noticia importante que merecía sin duda una mayor cobertura aquí. Pero la falta de integridad periodística impidió que se informara de la noticia porque habría afectado los resultados finales, lo cual es un punto de vista cortoplacista. Hasta que no encontremos la forma de rechazar este trasfondo, se ignorarán historias importantes a la vez que nuestro diálogo nacional seguirá degradándose.

Falta de rigor periodístico

Los noticieros, para nosotros, son sin duda el ejemplo más atroz de los actores más atroces, especialmente los programas nocturnos de máxima audiencia de las tres cadenas principales. Pero la polarización entre el *resto* de los medios de comunicación no es menos marcada.

En la radio AM abundan los expertos que parecen echar espuma por la boca mientras lanzan vitriolo por los aires, creando sus propios "silos". Jeffrey Berry, estudioso de los medios de comunicación y profesor de Tufts, coautor de un exhaustivo examen del panorama político-mediático en The Outrage Industry (La Industria de la Indignación) de 2014, afirma que la forma en que la radio conservadora contraataca a los medios dominantes se refuerza casi por sí misma. "Es un modelo de negocio obvio", asevera. "Dile a tu audiencia que los principales medios de comunicación son corruptos y parciales, y así tendrá más razones para acudir a la radio conservadora para conocer la verdad".[46]

En el otro lado del espectro, los conservadores no confían en el *Washington Post* ni en el *New York Times*. Los ven como si pusieran el pulgar en la balanza. En general, los conservadores perciben a ambos influyentes diarios como de tendencia izquierdista, pero tienen problemas más importantes que su sesgo político. Queremos subrayar aquí que factores como nuestro tóxico modelo de incentivos y el periodismo impulsado por los "clics" perjudican la calidad de la palabra escrita *más* que el partidismo. Veamos cómo funciona.

Las organizaciones de noticias juzgan ahora a los medios de comunicación por sus seguidores en Twitter e Instagram más que por sus logros periodísticos. Este método de evaluación conduce a más división y más incivilidad porque los periodistas comprenden perfectamente el poder de la negatividad. Casi todo el mundo te dirá que no le gusta la negatividad, sin embargo, responde a ella. Irónicamente, las jóvenes universitarias son las que menos prefieren la publicidad negativa y, sin embargo, en todos los estudios son las más influenciadas por ella.

Sabemos que los humanos recordamos más lo negativo que lo positivo. Según un estudio reciente, los seguidores de equipos deportivos recuerdan más las derrotas de su equipo que sus victorias. La negatividad tiene una *pegajosidad* que se queda en el consumidor. Las dos formas más potentes de movilizar a la gente son estimular su ira y su aversión a la pérdida. Ambas emociones negativas alimentan la división y la incivilidad. La sofisticación de nuestras campañas, plataformas de medios sociales y noticias ha acelerado la tendencia hacia la negatividad.

Al igual que los noticieros, los periódicos tradicionales han cambiado su manera de informar. Los periodistas ponen ahora sus propias palabras en el centro de la historia y entretejen las noticias en su narrativa para que pasen a un segundo plano frente al estilo. Tradicionalmente, los periódicos locales se han centrado más en los hechos que en la ideología y han sido una fuente más fiable de noticias imparciales para muchos estadounidenses. Resulta alarmante que el 25% de los periódicos locales hayan quebrado en los últimos quince años.

Además, la transición de los contenidos impresos a los digitales ha estado plagada de decisiones éticas para los periódicos. El "cebo de clics" (especialmente en forma de titulares sensacionalistas) atrae la atención, pero acaba erosionando la confianza del consumidor en lo que ve. Sin embargo, aportan esos importantísimos globos oculares y, por tanto, impulsan los beneficios de las empresas periodísticas. En una era en la que la palabra escrita compite con la televisión, las redes sociales e Internet, los periódicos se encuentran atrapados entre la realidad de la economía y los valores consagrados del periodismo responsable.

En 2019, la Universidad de Temple publicó un exhaustivo estudio titulado "Agregación, Cebo de Clics y Su Efecto sobre las Percepciones de Credibilidad y Calidad Periodística". En el estudio, los coautores Logan Molyneux y Mark Coddington, ambos profesores de periodismo escribieron: "A finales de la década de 2000 y principios de 2010, las presiones comerciales para acumular vistas con las que alimentar un modelo de negocio basado en la publicidad digital empujaron a más organizaciones de noticias a confiar en la agregación. El mismo modelo económico basado en el tráfico también ha alimentado el auge de métodos dudosos para atraer la atención hacia material en línea preparado a la ligera. En particular, el término "Cebo de Clics" se ha generalizado para ridiculizar y desestimar contenidos cuyo objetivo es más atraer al público para que haga clic sobre ellos (lo que inevitablemente les defrauda) que informar. Por otra parte, los titulares con "Cebo de Clic" parecen tener un impacto ampliamente negativo en la percepción de la audiencia. Los resultados también sugieren que los titulares con "Cebo de Clic" pueden disminuir la percepción de credibilidad y calidad".[47]

No se puede eludir el hecho de que el cebo de clics, los fragmentos sonoros y los titulares tienen consecuencias en el mundo real. Un estudio realizado en enero de 2016 por el Centro para la Participación de los Medios de la Universidad de Texas en Austin reveló que los titulares cargados de emoción pueden cambiar la percepción de la supuesta culpabilidad de un sospechoso, influir en la valoración de los candidatos políticos y afectar la comprensión y recordación de los artículos de prensa.[48]

Una prensa libre desempeña un papel vital en cualquier gobierno representativo. La democracia prospera cuando sus ciudadanos están bien informados. La incivilidad en los medios de comunicación, reforzada continuamente por veinticuatro horas de programas de noticias, se convierte en un círculo vicioso. La forma en que se comporta la prensa significa que tiene cierta responsabilidad en el resquebrajamiento de la confianza y el respeto en nuestra sociedad. No cabe duda de que los medios de comunicación deben mejorar su autocontrol. Las organizaciones de noticias deben decidir si están aquí para informar al público. Sin embargo, como dijo Celinda aquella noche en el balcón de Ed: "Están aquí por lo esencial".

Un énfasis excesivo en la corrección política

Aquí Celinda. Uno de los principios de la respetuosa relación entre Ed y yo es que escuchamos, aprendemos e, incluso cuando discrepamos, respetamos las opiniones de los demás y buscamos entenderlas. Con esto en mente, quiero terminar este capítulo con una coda rápida sobre lo que Ed cree acerca de los medios de comunicación y cómo él lo ve como un ultraje de incivilidad al haber un enfoque excesivo en la corrección política en lugar de centrarse en cuestiones reales.

Ed está lejos de ser un reaccionario que quiere que las cosas vuelvan a "los buenos tiempos", pero le preocupa que se ignoren los problemas de fondo mientras se busca una pureza que no existe en nuestros artistas, políticos y personajes públicos. Dice que es mucho más fácil perseguir a un comediante que dice algo "equivocado" en el escenario que solucionar, por ejemplo, la crisis del agua en Flint. Cree que estamos ofreciendo corderos de sacrificio al altar de la perfección en lugar de arremangarnos y ponernos a trabajar en los problemas que afectan a los estadounidenses.

Ed cree que los medios de comunicación lo saben y se aprovechan de ello. No puedo discrepar cuando dice: "Una simple búsqueda en Google devolverá titular tras titular desmenuzando la más benigna de las declaraciones. La gente pierde carreras por un desliz de su lengua. Los medios de comunicación azuzan a la gente con un frenesí que se alimenta de sí mismo. En mi opinión, Walter Cronkite no habría prestado la más mínima atención a una estrella del pop que dijera "lo que no debía" en un concierto, cuando había asuntos mucho más urgentes entre manos. Habría informado sobre la inflación, el empleo, la crisis en Oriente Medio".

Ed me ha dicho muchas veces que estas opiniones no representan a la mayoría de los estadounidenses. Nuestras Encuestas Battleground muestran que más de dos tercios de los estadounidenses no encajan en campos ideológicos sólidos, el tipo de campos que defienden ideas como la estricta corrección política. Numerosas investigaciones avalan estos datos. En octubre de 2018, los académicos Stephen Hawkins, Daniel Yudkin, Miriam Juan-Torres y Tim Dixon publicaron un informe a través de la organización sin ánimo de lucro Más en Común titulado "Tribus Ocultas: Un estudio del Paisaje Polarizado de Estados Unidos". Ese informe sostenía que la mayoría de los votantes pertenecen a la "mayoría agotada". Sus miembros comparten una sensación de cansancio con nuestra polarizada conversación nacional, la voluntad de ser flexibles en sus puntos de vista sobre política, y una falta de voz en la conversación nacional. "También les disgusta lo políticamente correcto. Entre la población general, un 80% cree que "la corrección política es un problema en nuestro país", escriben los autores. "Incluso los jóvenes se sienten incómodos con ella, incluido el 74% de los votantes de 24 a 29 años, y el 79% de los votantes menores de 24 años".[49]

Ed cree que uno de los impactos más significativos de la corrección política es en nuestra juventud. Se les enseña que sólo hay una forma de ver las cosas, una forma de pensar, lo que es contrario al "pensamiento crítico" y frena su aprendizaje basado en explorar todos los análisis y evaluaciones objetivas de una cuestión para formarse un juicio.

La convicción de Ed es firme y se ve respaldada por los datos de que la mayoría de los estadounidenses quieren dejar atrás este periodo de guerras culturales. Sostiene que no queremos enfrentarnos los unos a los otros, pero los medios de comunicación que consumimos nos animan constantemente a imponernos unos estándares que nadie puede cumplir. Ed nos cuenta que el actor y escritor Stephen Fry lo expresó muy bien ante una audiencia de miles de personas cuando dijo, durante los Debates Munk de 2018, en los que el tema era la corrección política: "Los dos bandos de la guerra cultural, que ya no son izquierda y derecha, son algo más profundo y raro y extraño, se están distanciando más y más cada semana que pasa". De manera tal que cada uno está parado en su borde, gritando al otro, y ninguno se escucha. Solo se hacen caras frenéticas el uno al otro". Entre atronadores aplausos, añadió: "Es una vergüenza terrible vivir en esta cultura y sentir que hay tanta hostilidad, tanto resentimiento. Hemos visto lo que ocurre cuando se llega a los extremos; hemos visto la terrible carnicería y destrucción que puede causar".[50]

Ed no quiere que Estados Unidos siga dirigiéndose hacia esos extremos. Tampoco yo. Ed cree que debemos ignorar los mensajes negativos o sensacionalistas de los medios de comunicación, por muy tentadores que sean, por mucho que activen nuestros impulsos más bajos, y volver a escucharnos unos a otros. Si lo conseguimos, puede que sustituyamos el resentimiento, que ni siquiera sentimos realmente, por un nuevo respeto mutuo.

Capítulo 8

Reformas: Abordar la regulación de la financiación de las campañas y el privilegio de intereses particulares

E l dinero siempre ha sido inseparable de la política. Hasta cierto punto, siempre lo será. En la forma en que compiten, las entidades poderosas promueven sus intereses donando a campañas y poniendo dinero al servicio de causas. Esa es la realidad de la situación.

Tratamos con la realidad, no con una utopía imaginaria que no tiene en cuenta el comportamiento humano, gran parte de la cual conocimos en las trincheras como encuestadores. De hecho, la premisa de este libro es un diálogo franco y pragmático entre dos colegas. Al reconocer y debatir abiertamente verdades que no a todo el mundo le gusta admitir, primero entre nosotros y ahora contigo, podemos empezar a pensar en cómo podrían reformarse los mecanismos que impulsan algunas de estas prácticas.

Que el dinero sea inseparable de la política no significa que la forma en que se inyecta actualmente en las campañas (sin transparencia y en cantidades astronómicas) sea funcional, aceptable o positiva. Los intereses particulares ejercen demasiada influencia. Los Super Comités de Acción Política otorgan enormes privilegios a los mega donantes y a las corporaciones, sindicatos y grupos de interés con grandes bolsillos; toman el control de la mayor parte del gasto y los mensajes de campaña, quitándole el control real al candidato y su campaña.

En pocas palabras, el sistema de financiación de las campañas en Estados Unidos no funciona. El dinero sucio, fondos procedentes de grupos que no revelan sus donantes, se ha convertido en una fuerza política impulsora, estimada en más de mil millones de dólares en las campañas federales de 2020. Además, el problema de este gasto independiente actual no es un factor que beneficie a los republicanos frente a los demócratas en sus campañas. Un análisis del gasto del "dinero sucio" demostró que un poco más de la mitad ($514 millones) del gasto de 2020 se fue en favor de los demócratas y que $174 millones se fueron en apoyo a la candidatura de Biden.

Los datos muestran hasta qué punto se ha extendido el problema. Según El Centro Brennan para la Justicia, organización sin ánimo de lucro, los grupos poderosos han invertido más de 1.000 millones de dólares en las elecciones federales desde 2010. Es un problema no sólo a escala nacional, ya que a menudo las elecciones estatales se ven influidas por grandes inyecciones de dinero negro imposible de rastrear. Chris Herstam, antiguo representante de la mayoría republicana en la Cámara de Representantes de Arizona y ahora miembro de un grupo de presión, declaró al Centro Brennan: "En mis 33 años en la política y el gobierno de Arizona, el dinero negro es la influencia más corruptora que he visto".[51]

Nuestras actuales leyes de financiación de campañas permiten que este sistema se perpetúe, a pesar de que la mayoría de los estadounidenses consideran que estas leyes son defectuosas e inadecuadas. Los votantes republicanos y demócratas creen que debemos dar prioridad a la reforma de la financiación de las campañas. Según nuestra encuesta Battleground, más del 80% de los votantes de ambos partidos políticos desean *mayor transparencia* en las contribuciones a las campañas. Ese deseo de cambio sistémico existe, y ambos tenemos algunas ideas sobre cómo podría afianzarse ese cambio. Sin embargo, antes de exponer nuestras creencias, puede resultar útil arrojar luz sobre la historia reciente del funcionamiento del dinero en la esfera política, pues examinar cómo hemos llegado a la situación en la que nos encontramos puede ayudarnos a salir de ella.

Cómo llegamos a este punto

La principal responsabilidad del poder legislativo es crear leyes, no recaudar dinero. Sin embargo, a finales de los noventa se produjo un cambio en la cultura política de Washington. Antes de aquel momento, los representantes solían pasar dieciocho meses legislando en Washington y seis meses en su campaña reeleccionista. Luego, hace unos treinta años, los representantes del Congreso empezaron a dedicar menos tiempo a legislar y más a recaudar fondos. Ahora deben recaudar fondos desde el momento en que son elegidos (los partidarios de los candidatos victoriosos a menudo pueden recibir solicitudes de recaudación de fondos la misma noche en que su candidato es elegido).

El tiempo necesario para recaudar fondos repercute negativamente en la capacidad del Congreso para gobernar con eficacia. Los miembros de la Cámara de Representantes y el Senado suelen dedicar de dos a cuatro horas diarias a llamadas telefónicas para recaudar fondos o a asistir por las tardes a actos de recaudación de fondos de campaña. Todo el tiempo y la energía dedicados a recaudar dinero restan capacidad de gobierno al Congreso. Sencillamente, no hay tiempo suficiente para ocuparse de los asuntos de la gente y de los asuntos de la campaña. Como resultado, el Congreso se ha vuelto cada vez menos productivo y funcional.

En el actual proceso político, solicitar dinero a los grandes donantes tiene el potencial para amplificar y distorsionar la voz de los donantes ricos. Y lo que es más importante, los grandes donantes tienen a menudo prioridades distintas a las de los votantes promedio. El Congreso suele dedicar un tiempo excesivo a la legislación que importa a sus donantes y menos a los asuntos que mejoran la vida de sus electores. A los representantes se les aconseja a menudo "inclinarse hacia los verdes", una referencia al apoyo a la legislación favorecida por las personas que financiarán su reelección. Aunque no es ilegal, desde un punto de vista ético, puede considerarse sin duda como la corrupción sistémica de la democracia representativa... que, con razón, aumenta aún más el cinismo de los votantes.

El interminable ciclo de recaudación de fondos tiene un efecto escalofriante en el civismo y el respeto. Hoy en día, una recaudación de fondos eficaz requiere que los candidatos despierten animadversión y desconfianza hacia la otra parte, pues las campañas negativas generan más dinero que hablar de los problemas; sin embargo, enardecer a la base electoral conduce a la incivilidad y dificulta la buena voluntad y la cooperación entre todos.

Las limitaciones de tiempo de la recaudación de fondos moderna juegan sin duda su papel. Sin embargo, ningún debate sobre este tema estaría completo sin considerar el caso del Tribunal Supremo de 2010, *Ciudadanos Unidos contra la Comisión Federal de Elecciones*. La histórica decisión de 5-4 prohibió al gobierno interferir en el derecho a la libertad de expresión de un individuo o una empresa. La decisión mayoritaria, escrita por el juez Anthony Kennedy, declaró: "Si la Primera Enmienda tiene validez, prohíbe al Congreso multar o encarcelar a los ciudadanos, o a sus asociados, por el simple hecho de participar en la expresión política. La libertad de expresión en los Estados Unidos de hoy cuesta dinero, es decir, publicidad, y cualquier restricción al dinero es, por lo tanto, una restricción a la libertad de expresión".[52]

El juez John Stevens escribió la opinión disidente. Stevens postuló: "La sentencia del Tribunal amenaza con socavar la integridad de las instituciones elegidas por voto popular en todo el país". Los cuatro jueces disidentes escribieron que la mayoría no tuvo en cuenta los efectos perjudiciales de la mera apariencia de corrupción a causa del dinero que pueden inyectar las empresas sin restricciones.

El juez Stevens argumentó que las empresas eran peligrosas para la democracia debido a su lealtad a los beneficios económicos, no al país. Las empresas pueden recaudar enormes sumas de dinero que influyen en el sentido del voto. El poder legislativo debe regular su influencia en el proceso democrático.

Ciudadanos Unidos abrió las compuertas y el dinero entró a raudales a nuestras elecciones. De repente, las entidades independientes podían gastar *millones* en carreras políticas, ocupando de hecho el lugar de los partidos políticos y las campañas en términos de importancia. Un informe de 2020 de Secretos a Voces, una organización sin ánimo de lucro que rastrea el dinero en la política, detalla el impacto de la decisión. Como declaró Sheila Krumholz, directora ejecutiva del Centro de Política Responsiva, "en nuestros 35 años de seguimiento del dinero, nunca habíamos visto una decisión judicial que transformara el sistema de financiación de las campañas tan drásticamente como la de Ciudadanos Unidos. Tenemos una década de pruebas, constatadas por casi mil millones de dólares en dinero negro, de que el Tribunal Supremo se equivocó cuando dijo que el gasto político de los grupos independientes iría acompañado de la necesaria transparencia".[53]

La decisión marcó un antes y un después en la financiación de las campañas al permitir a empresas y sindicatos gastar cantidades ilimitadas de dinero y dio lugar a la proliferación de los Super Comités de Acción Política. Un Super Comité de Acción Política está diseñado para influir en unas elecciones concretas. Los Super Comités de Acción Política funcionan independientemente de cualquier candidato o partido político. Los particulares, las empresas, los sindicatos y demás comités de acción política (PAC) pueden hacer contribuciones ilimitadas a un Super PAC. No hay límite. Los aportes no son declarables. Menos transparencia significa menos responsabilidad. Los Super PACs pueden gastar cantidades interminables de dinero en la causa o en el candidato que apoyan. De nuevo, según el Centro de Política Responsiva, los Super PAC recaudaron más de 3.300 millones de dólares en el ciclo electoral de 2020. Esto supone casi el doble de los 1.800 millones de dólares recaudados durante el ciclo electoral presidencial de 2016.[54]

Los críticos sostienen que este diluvio de dinero desde las empresas, los sindicatos y grupos de defensa ahogó las voces de los estadounidenses de a pie. Esos relativamente pocos donantes que aportan más de 100.000 dólares dominan la financiación total de los millones de pequeños donantes que contribuyen a las campañas políticas. Aunque el número total de pequeños donantes ha aumentado, su porcentaje respecto del total de donaciones se ha mantenido estable en un 20%. Financiando Super PACs, unos pocos multimillonarios y millonarios han ejercido una influencia desmesurada en nuestra democracia.

Es posible que los jueces del Tribunal Supremo que votaron mayoritariamente creyeran erróneamente que los Super PAC, como en el caso de Ciudadanos Unidos, desempeñarían un papel menor en las campañas simplemente porque se les prohibía coordinarse con los candidatos.

Los votantes consideran que la financiación de las campañas es un área que debe abordarse en todo el espectro político, siendo este un ámbito en el que nuestras recetas políticas son significativamente diferentes. En lugar de ver esto como una barrera para el diálogo respetuoso, nos hemos tomado el tiempo necesario para ver *por qué* cada uno piensa como piensa. Y aunque los métodos mediante los cuales cada uno quiere provocar el cambio difieren, nuestro objetivo es el mismo:

reformar nuestro sistema de financiación de campañas para crear un proceso transparente que sirva a las necesidades tanto del público como de quienes desean servir al público a través de un cargo político.

Ed habla sobre exprimir el globo de la financiación de las campañas

Celinda tiene un planteamiento democrático sobre la reforma de la financiación de las campañas: utilizar el legislativo para exigir contribuciones más pequeñas y evitar las contribuciones desmesuradas. No importa cómo se cambien las reglas, la gente encontrará la manera de eludirlas para introducir dinero en el sistema. Siempre lo han hecho y siempre lo harán. Puede parecer cínico, pero si algo me conoces, estoy muy lejos de serlo. Sólo soy realista sobre este aspecto concreto de la naturaleza humana. Para mí, prácticamente toda la historia registrada respalda mi postura.

Piensa que el dinero en política es como el aire en un globo gigante. Si aprietas el globo por un extremo, se expandirá por el otro. La cantidad de aire no cambia. La decisión del Tribunal Supremo en el caso de Ciudadanos Unidos afirmó que las personas tienen un derecho constitucional a expresar su opinión y que pueden hacerlo mediante una contribución. No preveo una Enmienda Constitucional que anule esa decisión.

Pero algo tiene que cambiar. Además de las encuestas, he formado parte del equipo estratégico de varias campañas políticas y he visto de primera mano cómo, desde los "albores de los Super PAC", los candidatos tienen mucho menos control sobre sus propios mensajes. En el panorama político actual, las campañas tienen suerte si entre los Super PAC "a favor", los Super PAC "en contra" y la campaña del adversario controlan el 25% de los mensajes de la campaña, a menudo menos. Así, el equipo de estrategia de las campañas de ambos bandos se encuentra en desventaja. En primer lugar, los Super PAC "en contra" asumen a menudo el papel de primer atacante. Incluso ha habido situaciones en las que nuestra campaña quería transmitir un mensaje positivo, pero el Super PAC "a favor" decidió que no estábamos haciendo lo correcto. Iniciaron el ataque contra nuestro oponente, contradiciendo el argumento estratégico fundamental de nuestra campaña de querer hacer una campaña positiva.

¿Es la reforma a la financiación de las campañas la respuesta? No lo creo. Sobre todo si lo único que se hace es apretar un extremo del globo esperando que ello saque parte del aire (es decir, el dinero) del sistema. Los políticos que, al tratar de responder a la percepción de corrupción a causa de contribuciones importantes, impusieron restricciones significativas a las contribuciones a las campañas en la última reforma de la financiación de éstas, apretaron el globo por un extremo, sólo para verlo expandirse por el otro gracias a los Super PAC. Abrieron vacíos legales que no vieron venir, permitiendo la entrada libre de dinero negro en las campañas, lo que alimentó aún más la desconfianza.

Una de las consecuencias imprevistas de estos intentos de reforma de la financiación de las campañas fue que quitó "dinero blando" a los dos partidos políticos. El auge de los Super PAC debilitó a ambos partidos políticos a medida que el flujo de dinero se alejaba del centro y se desplazaba hacia los extremos izquierdo y derecho. No se imaginan la cantidad de directores de campaña que conozco que odian a los Super PAC, que se supone que les "ayudan" pero que sólo han conseguido que pierdan el control de sus mensajes.

Mi respuesta no es minimizar, sino maximizar el dinero que puede entrar en el control directo de la campaña. Quitemos los límites a las contribuciones que se hacen directamente a las campañas y hagamos que las donaciones se declaren de forma instantánea y exhaustiva para que haya transparencia. Esto devolverá el control a las campañas. Además, eliminará ese enfoque de "guiño, guiño, asiente, asiente; yo haré el trabajo sucio" de los Super PAC, el cual no ha hecho más que poner en primer plano el enfoque cada vez más agresivo de las campañas actuales. Este planteamiento se ha aplicado recientemente en Virginia mediante nuevas leyes de financiación de campañas. En las recientes elecciones a gobernador, la mayor parte del dinero destinado a los Super PAC fue directamente a las campañas. El aire del globo no disminuyó, pero esos fondos pasaron a estar más directamente bajo el control de la campaña.

Además, este sistema permitiría a los donantes presionar a las campañas para que se centren en lo positivo en lugar de en lo negativo. Los republicanos tenemos que estar a favor de algo; no podemos limitarnos a pontificar sobre aquello a lo que nos oponemos. En tanto nuestras campañas no lleguen a un punto en el que controlen la mayoría de los mensajes, no podrán "acentuar lo positivo" y mostrar soluciones viables a nuestros problemas más acuciantes. Dado que los Super PAC impulsan las campañas negativas, un mayor control del mensaje por parte de las campañas significa que podrán impulsar los mensajes positivos y, si se vuelven demasiado negativos, ser considerados responsables de ese estilo de campaña.

Celinda explica por qué está a favor de la reforma

Ed y yo estamos totalmente de acuerdo en que los Super PAC deberían tener menos poder. En promedio, más del 60% de los mensajes publicitarios de las elecciones al Senado son emitidos por terceros. Es espantoso. Si vas a presentarte a algo y ponerte en juego, debes controlar tu mensaje.

Las soluciones de Ed lo harían permitiendo una financiación ilimitada de las campañas directamente por parte de los donantes. Mi solución es diferente: quiero financiación pública para las campañas. ¿Por qué debería darle a un multimillonario más acceso que a mí? No creo en eso. Apoyo que se apruebe una Enmienda Constitucional para anular la decisión de Ciudadanos Unidos. Ed y yo queremos el mismo resultado. No tenemos por qué estar de acuerdo en la solución, pero aun así podemos respetar la forma de pensar del otro.

Incluso si no es mediante una enmienda constitucional, seguimos necesitando, en mi opinión, una legislación que mueva las fichas. Un paso en la dirección correcta fue la Ley Para el Pueblo de 2019, que intentó rectificar los problemas causados por los Super PAC y amplificar las voces de los estadounidenses de a pie en un proceso democrático. Según las disposiciones del proyecto de ley, los candidatos a la Cámara de Representantes de EE.UU. y los aspirantes a la presidencia podrían recibir dinero público para financiar sus campañas. Las contribuciones individuales de pequeños donantes de hasta 200 dólares se igualarían seis a uno. Todo el dinero se pagaría con cargo al Fondo para la Libertad de Influencias. Un recargo sobre las sentencias civiles y penales contra empresas sería la principal fuente de su financiación y no requeriría dinero de los contribuyentes. La participación sería voluntaria y exigiría que los candidatos se atuvieran a normas y restricciones, como gastar menos de 50.000 dólares de su propio dinero y limitar las contribuciones a la campaña a 1.000 dólares o menos. Los beneficiarios estarían obligados a revelar el listado de sus contribuyentes a la campaña.

Esta idea no es nueva. El presidente Theodore Roosevelt propuso el incipiente concepto en su discurso sobre el Estado de la Unión de 1907. Roosevelt dijo: "La necesidad de recaudar grandes fondos para una campaña desaparecería si el Congreso asignara una partida para los gastos apropiados y legítimos de cada uno de los grandes partidos nacionales",[55] una partida lo suficientemente amplia como para satisfacer la necesidad de una organización y maquinaria minuciosas, lo que requiere un gran gasto de dinero. Entonces debería estipularse que ningún partido que reciba fondos del Tesoro para su campaña acepte más de una cantidad fija de parte de ningún suscriptor o donante individual."

El modelo de pequeños donantes se ha probado a escala local con resultados impresionantes. En Nueva York, el 90% de los candidatos a las primarias participan en el programa financiado con fondos públicos. El programa de fondos de contrapartida ha ayudado a más candidatos de minorías a presentarse a las elecciones. David Dinkins, el primer alcalde negro de la ciudad fue uno de los primeros participantes. Han aumentado las contribuciones de pequeños donantes y el compromiso de la comunidad. Las elecciones han sido más competitivas, a la vez que los titulares de los cargos a elegir han disfrutado de menos ventajas frente a los aspirantes. Los candidatos se han mostrado más receptivos a las necesidades de su electorado porque saben que se presentarán a unas elecciones competitivas. El dinero proveniente de intereses particulares sólo representa el 6% de todas las contribuciones.

La Ley Para el Pueblo pretendía corregir el actual desequilibrio entre los Super PAC y las regulaciones tradicionales de gasto de los partidos políticos. Dado que los Super PAC están sujetos a menos regulación y límites de gasto que los partidos políticos, esta legislación permitiría a los partidos políticos crear fondos de pequeños donantes para duplicar el dinero que pueden dar a los candidatos.

Los críticos de las actuales leyes de financiación de campañas señalan que las buenas intenciones generaron consecuencias imprevistas. La disminución de la dependencia sobre el dinero por parte de los partidos políticos ha sido un factor en el auge de los Super PAC y el dinero negro. Los Super PAC llevan los temas más hacia los extremos, lo que dificulta llegar a un término medio. Los partidos políticos son a menudo factores moderadores en las elecciones porque responden ante bases más amplias y hablan en nombre de un electorado más diverso y moderado. Lamentablemente, la Ley Para el Pueblo se estancó en su aprobación en el Senado, pero creo que puede haber otra legislación que logre objetivos similares.

Una buena manera de conseguir que más pequeños donantes participen en el proceso político es a través de los programas de vales. Por ejemplo, el programa de bonos para la democracia de Seattle ha conseguido aumentar la participación de los ciudadanos de a pie en el proceso político. Veinte mil pequeños donantes de Seattle, incluidas personas de grupos tradicionalmente infrarrepresentados aportaron 1,14 millones de dólares a candidatos políticos en 2017. En las elecciones en las que se entregaron bonos democráticos a los votantes de Seattle, disminuyó el número de donantes que vivían fuera de la ciudad. Este programa ha reducido la influencia de las grandes empresas y donantes y ha hecho que los candidatos y titulares de cargos respondan mejor a las necesidades de las personas a las que sirven.

El coste de proporcionar vales para las elecciones federales a nivel nacional se estima entre 3.000 y 6.000 millones de dólares al año. Aunque esta cifra parece enorme, es una gota de agua en el mar en comparación con los 100.000 millones de dólares que se calcula que se destinan a exenciones fiscales a empresas, subvenciones y otras políticas monetarias que injustamente favorecen a determinadas entidades. Si los funcionarios federales dejaran de estar en deuda con las grandes empresas, ya no tendrían incentivos para aprobar acuerdos que favorecieran los grandes donantes. Reducir el coste del bienestar corporativo, incluso en un 6%, cubriría el programa de vales. Los representantes dedicarían su tiempo a la recaudación de fondos en actos comunitarios, y lo harían de los titulares de vales. Esta dinámica crearía más contacto entre los candidatos y los ciudadanos de a pie.

Actualmente, hay catorce estados con algún tipo de opción de financiación pública para las elecciones de ámbito estatal. Tienen normas similares que los candidatos deben seguir para poder optar a fondos públicos. Por ejemplo, en Hawái, los candidatos que se acogieron al programa recibieron fondos similares a los importes recaudadas por sus competidores. Curiosamente, en las elecciones a gobernador de Arizona de 2014, los candidatos financiados con fondos privados gastaron el doble que sus oponentes financiados con fondos públicos.

El actual programa de financiación de las elecciones presidenciales iguala las donaciones en una proporción de uno a uno para las primarias presidenciales. Los candidatos con un 5% o más en las encuestas pueden optar a subvenciones globales para las elecciones generales (103,7 millones de dólares en 2020). La legislación que propongo que instituyamos aumentaría la cantidad de dinero que los partidos políticos pueden utilizar para apoyar a sus candidatos. Ronald Reagan participó en el programa de financiación para las elecciones presidenciales y fue elegido por una amplia mayoría en 1980 sin celebrar un solo acto de recaudación de fondos. Sin duda, los tiempos han cambiado y, desde 2012, ningún candidato presidencial importante ha vuelto a utilizar el sistema.

La injerencia de entidades extranjeras también es un problema. Estos gobiernos han intentado influir en nuestras elecciones a través de dinero negro y anuncios de campaña. La legislación prohibiría los anuncios políticos focalizados promovidos por otros países en un intento de influir en nuestras elecciones. En 2016, agentes rusos vinculados al Kremlin produjeron y compraron tiempo para emitir miles de anuncios en redes sociales destinados a aumentar la discordia social, suprimir el voto de las minorías e influir en las elecciones. Estos anuncios se dirigieron a los estados más disputados y llegaron a más de 127 millones de estadounidenses. Contenían información falsa destinada específicamente a corromper nuestro proceso democrático. Las campañas de desinformación están aumentando gracias a nuevos actores, entre ellos los chinos, que intentan influir en las elecciones estadounidenses.

La Ley de Publicidad Honesta moderniza la regulación de la financiación de las campañas y contempla los anuncios en Internet. En la actualidad, los principales medios de comunicación deben seguir las normas McCain-Feingold de 2002, pero existe un vacío en cuanto al Internet en relación con los anuncios en línea, los cuales no constituían un factor político mayor en su momento. Si se implementa esta legislación, los anuncios en Internet deberán incluir una cláusula de exención de responsabilidad en la que se indique quién ha pagado el anuncio.

La legislación fue presentada por los senadores Lindsey Graham (R-SC), Amy Klobuchar (D-MN) y Mark Warner (D-VA). La iniciativa goza de apoyo político bipartidista y cuenta con el respaldo de Microsoft, Facebook y Twitter, pero no de Google ni Amazon.

Trevor Potter, expresidente republicano del Comité Electoral Federal, escribió lo siguiente en apoyo de la Ley de Anuncios Honestos: "Las elecciones de 2016 dejaron al descubierto flagrantes lagunas en nuestra capacidad para vigilar la intervención extranjera en las elecciones estadounidenses, y este proyecto de ley es un remedio apropiado y bipartidista". Los votantes tienen derecho a estar plenamente informados sobre quién intenta influir en su voto, especialmente las potencias extranjeras cuyos motivos son contrarios a los intereses estadounidenses. La Ley de Publicidad Honesta proporciona a los votantes, periodistas y funcionarios encargados de hacer cumplir la ley importantes herramientas para ayudar a erradicar toda actividad extranjera ilegal. La transparencia que este proyecto de ley pretende proporcionar en las elecciones de 2018 y más allá, protegerá y mejorará la integridad de nuestras elecciones, que son el componente más fundamental del autogobierno estadounidense".[56]

Nota final sobre nuestras diferencias respecto a la financiación de las campañas

Quizá estés pensando, y con razón, que las diferencias entre nuestras soluciones son demasiado grandes para salvarlas. Quizá también pienses que el actual sistema de financiación de las campañas está demasiado mal para repararlo, que la incivilidad, la falta de respeto y la polarización que caracterizan nuestro actual panorama político están demasiado arraigadas.

No creemos que sea así. Creemos que un cambio real es posible y el entorno político está listo para ello. A lo largo de 2020 y 2021,

un cambio sistémico después de crisis desestabilizadoras. Los cambios significativos en el funcionamiento de los sistemas suelen ser el resultado de una sacudida de su equilibrio. Este fenómeno se da en los negocios (iTunes alteró radicalmente la industria de la edición musical y puso patas arriba el modelo de negocio). En la naturaleza y en la evolución se producen cambios significativos debidos al statu quo. Las polillas moteadas de Manchester son un buen ejemplo.

Antes de la revolución industrial en Inglaterra, las polillas de Manchester eran predominantemente pálidas y se mimetizaban bien con la corteza de los árboles de la zona. Cuando la revolución industrial contaminó el cielo y los árboles, su corteza se oscureció. Como resultado, las polillas de color pálido fueron comidas porque su camuflaje dejó de ser eficaz. Las polillas más oscuras y moteadas que se confundían con los árboles cubiertos de hollín sobrevivieron y transmitieron sus genes. En pocas generaciones, las polillas de Manchester eran predominantemente oscuras y moteadas.

En este ejemplo de la naturaleza, una sacudida drástica del medioambiente provocó un cambio real y duradero. Tal vez las recientes sacudidas de la psiquis estadounidense puedan provocar un cambio fundamental hacia un respeto duradero mediante el cual podamos reformar las partes lastimadas de nuestras mentes colectivas y de nuestro sistema político.

Durante nuestro *Retiro de Respeto* en casa de Ed en el verano de 2021, los tres (Ed, Celinda y Mo) pasamos las tardes sentados en un balcón con vistas a la llanura de Carolina del Sur y debatiendo los temas que trata este libro. Las discusiones se prolongaban a menudo hasta altas horas de la noche. Volvíamos a reunirnos en la cocina de Ed para tomar café y desayunar cada mañana. En cuanto la cafeína hacía efecto en nuestros sistemas y nuestros teléfonos empezaban a recibir correos electrónicos e información de nuestras respectivas oficinas, reanudábamos el debate. Una mañana, después de quedarnos despiertos una vez más hasta pasada la medianoche, aclarando nuestras ideas sobre cómo los silos mediáticos perpetuaban el sesgo informativo, surgió un nuevo debate, centrado en un tema que había ocupado la conciencia nacional durante más de un año: el COVID-19.

"Estaba pensando en tu última encuesta Battleground", dijo Mo. "Encontré algo revelador. Iniciaste los grupos de discusión preguntando por la polarización. No se volcaron inmediatamente a la política. Hablaron del COVID".

"Mi oficina estaba realizando nuevos grupos de discusión anoche", dijo Celinda tras consultar su teléfono. "Esos participantes hicieron lo mismo".

"¿Qué tenían para decir?", preguntó Ed.

"Dijeron que sus vecinos les hacían sentir avergonzados por llevar mascarillas", respondió Celinda. "Y muchas personas se sintieron avergonzadas por *no* llevarlas".

"La gente se pelea por las mascarillas", dice Ed.

"Mitch McConnell acaba de empezar a utilizar fondos de campaña para publicar anuncios en Kentucky animando a la gente a vacunarse", dijo Mo.

"¿En serio?" Comentó Celinda, algo sorprendida. "Sería genial que más gente lo hiciera en lugar de quejarse por tener que volver al aislamiento".

"No es que se quejen", responde Ed. "Es que sienten que el gobierno está castigando a la gente que se vacunó, está cansada de las mascarillas y quiere que sus negocios vuelvan a abrir. Se sienten castigados por hacer lo *correcto* y eso crea desconfianza".

"Lo siento, no la voy con el argumento de 'esto es sólo una toma de poder del gobierno'", dijo Celinda. "Las mascarillas y vacunación obligatoria podrían salvar vidas". Por eso los queremos, para no vulnerar los derechos de la gente".

"La conclusión es que, si alguien no se ha vacunado, seguro que no se va a poner una mascarilla porque vuelva a ser obligatorio", respondió Ed.

"Se están calentado los ánimos, estamos levantando la voz al hablar", comentó Mo. "Hemos hablado de muchas cosas diferentes esta semana, pero, por alguna razón, este tema nos encendió inmediatamente. Y tus grupos de discusión sacaron a relucir COVID sin que nadie se lo pidiera".

"Es ineludible", dijo Ed.

"Más que eso, creo que es el caso de estudio más crucial de nuestra falta de respeto", dijo Mo. "Una destilación cristalina de los problemas que hemos identificado".

por dieciséis meses de aislamiento, dificultades económicas e incertidumbre. Ahora tenían otro reto al que enfrentarse. ¬La aparición de la variante Delta se sintió como una nueva visita a las mismas viejas miserias: una vuelta al laberinto confuso y repetitivo en el que se había convertido la vida bajo el COVID-19.

Al mismo tiempo, nuestros grupos de discusión y encuestas mostraban que la mayoría de la gente no centraba sus respuestas negativas en la variante Delta, el número de muertos de la pandemia o su devastación económica. Tal vez esas cosas eran demasiado para procesar o, tal vez, la gente las aceptó como las consecuencias inevitables de una pandemia mundial. En su lugar, los estadounidenses se quejaban de las *prácticas de uso de la mascarilla por parte de sus vecinos* y se lamentaban de las publicaciones en las redes sociales de personas que consideraban ignorantes. Reservaron su vitriolo más ferviente para las instituciones que consideraban que habían manejado mal la situación.¬ Arremetieron contra los mandatos, o la falta de ellos, de los gobiernos locales y federales, y contra los funcionarios y gobernadores carentes de sensibilidad. Pensaban que los medios de comunicación no habían dado en el blanco en su cobertura, por decirlo de amablemente.

En un momento histórico bastante prolongado en el que los estadounidenses deberían haberse unido para luchar contra un enemigo común (a pesar de ser invisible), nos volvimos contra nuestras instituciones y contra los demás. Esta situación no sólo es desalentadora; es una ilustración única de nuestra polarización contemporánea. No siempre hemos reaccionado a las crisis cavando líneas de división más profundas. Al enfrentarse al Eje del Mal en la Segunda Guerra Mundial, la gente plantó jardines de la victoria y las mujeres fueron a trabajar a las fábricas para sustituir a los hombres que habían sido enviados al campo de batalla. Sólo seis semanas después de que Ronald Reagan resultara herido en un atentado, presionó al Congreso para que aprobara una reforma económica muy necesaria. Después de que los yihadistas estrellaran dos aviones de pasajeros contra el World Trade Center el 11 de septiembre, el país se unió en torno a la ciudad de Nueva York, el pueblo estadounidense se unió de la manera que lo exigían aquellos tiempos. Lamentablemente, no tenemos que usar mucho la imaginación para adivinar qué habría pasado si no nos hubiéramos unido en esos momentos de la historia, porque estamos viviendo un ejemplo del resultado.

En lugar de unirnos para luchar contra un enemigo conocido, hemos buscado culpables entre los nuestros. El enemigo es el vecino que no se vacuna; o el enemigo es el funcionario público que insiste en que hay que vacunarse; o es el imprudente gobernador de Florida; es el gobernador de California que cierra negocios; son los padres que quieren que sus hijos vuelvan a la escuela; son las escuelas que insisten en permanecer cerradas por la seguridad de su personal docente; es el hombre que se niega a ponerse mascarilla en el supermercado; es el empleado el que le grita a ese hombre que se ponga la mascarilla. Alguien graba un vídeo de este incidente y lo publica en Facebook, luego la gente escribe comentarios desagradables bajo ese vídeo o incluso le da "me gusta" a tal publicación incívica. Incluso puede ser alguien de tu propia familia cuyas actitudes o acciones te parezcan censurables.

Las líneas que hemos trazado unos contra otros en respuesta al COVID-19 han eliminado nuestro último trazo de civismo, revelando divisiones extremas que han estado cociéndose a fuego lento durante

Politizando una enfermedad

La mayoría de nosotros crecimos con la creencia racional y sana de que debíamos vacunarnos contra enfermedades como la poliomielitis por nuestro bien y por el bien público, creencia que no era ni remotamente controvertida. De hecho, la idea de que una emergencia médica afectara a la población en general debería haber sido bipartidista. Desgraciadamente, Estados Unidos nunca llegó siquiera a ese sencillo punto de partida de avanzar de manera tal que sirviera al bien común. Contrario a la intuición, el COVID-19 se politizó desde el principio.

En lugar de mantener una idea unificada sobre cómo abordar esta cuestión de salud pública, demócratas y republicanos se dividieron entre líneas ideológicas. Muchos demócratas defendieron el distanciamiento social y el uso de mascarillas con un celo casi religioso. Muchos de los del lado derecho del pasillo enmarcaron la cuestión en términos de "tiranía del gobierno". Para ellos, las mascarillas eran bozales para mantenerte a raya más que una herramienta que pudiera ayudar a salvar vidas. Sacrificar algunos aspectos del comportamiento por nuestros conciudadanos se ha convertido en un extraño juego político. Los funcionarios públicos que deberían haber estado trabajando para proteger a sus ciudadanos y salvar su sustento económico se centraron en anotarse puntos políticos con sus bases. Esta división hizo que el público se replegara en rincones políticos. En un documento de septiembre de 2020 para *El Instituto Brooking* titulado "El Costo Real de la Polarización Política: Evidencia de la Pandemia del COVID-19",[57] los autores Jonathan Rothwell y Christos Makridis utilizaron datos disponibles de marzo a julio de 2020 sobre más de 47.000 individuos para investigar cómo la heterogeneidad en las creencias sobre la pandemia se correspondía con la política. Lo que descubrieron fue que "la afiliación partidista es a menudo el predictor individual más fuerte de comportamiento y actitudes sobre el COVID-19, incluso más poderoso que las tasas de infección locales o las características demográficas, como la edad y el estado de salud." Los autores también mostraron cómo el partidismo afectaba profundamente la política cuando escribieron: "La orientación partidista de un estado explica también sus políticas de salud pública, incluyendo el momento y la duración de las órdenes de quedarse en casa, las prohibiciones a las reuniones sociales y los mandatos de uso de mascarilla".

Rothwell y Makridis descubrieron que ambos bandos continuaron este juego político durante la pandemia. En un estudio de septiembre de 2020, realizado más de seis meses después del inicio de la crisis, documentaron: "En las zonas demócratas, sigue habiendo una presión considerable para mantener cerradas las organizaciones y las empresas, especialmente las escuelas, e incluso hemos visto llamamientos recientes a cerrar toda la economía una vez más". Estas ideas nos parecen reacciones desafortunadas basadas en la desconfianza hacia el presidente más que en propuestas fundamentadas en pruebas. Como uno de nosotros ha observado a través de la asociación de Gallup con Franklin-Templeton para estudiar el COVID, los demócratas son más propensos que los republicanos a exagerar los riesgos de muerte de los jóvenes... En cambio, los republicanos son más propensos a creer erróneamente que la gripe es más mortal que el COVID".

¿Por qué nuestros dirigentes jugaron a la política en lugar de

COVID y la respuesta al COVID se han politizado?" Brent Nelsen, profesor de Política y Asuntos Internacionales de la Universidad de Furman, escribió: "Las vacunas y las mascarillas no se consideran soluciones apolíticas a un problema apolítico y técnico que deben resolver expertos y tecnócratas. No, la evidencia científica se mira ahora a través de lentes partidistas, lo que permite a ambos bandos alegar respaldo científico a sus preferencias políticas. Los incentivos políticos actuales empujan a los políticos a hacer de cada asunto nacional una cuña que empuje aún más a los ciudadanos estadounidenses hacia uno u otro bando. Estos incentivos se ven reforzados por poderosas fuerzas culturales que actúan como esteroides políticos".[58]

A medida que los interminables meses de pandemia se alargaban y más estadounidenses morían, nuestra polarización nacional se hacía cada vez más extrema y se filtraba en uno de los pocos aspectos de la vida estadounidense que no se había visto afectado por la política: nuestra salud. "El partidismo es ahora el factor de división más fuerte y consistente en los comportamientos sanitarios", declaró a Vox Shana Gadarian, politóloga de la Universidad de Syracuse, para un reportaje de julio de 2021 titulado "Cómo la Polarización Política Quebrantó la Campaña de Vacunación de Estados Unidos".[59] Puede resultarte tan perturbador, como lo es para nosotros, que la gente arriesgue su vida en función de su ideología; sin embargo, esa realidad se convirtió en algo cada vez más habitual. Las creencias científicas de la gente también influyeron en su política, pues el mismo artículo de Vox afirmaba que el estado de la vacunación sería un mejor predictor de los resultados electorales de los estados que sus votos en elecciones anteriores.

Lamentablemente, al momento de escribir estas líneas, la politización del COVID-19 sigue siendo igual de fuerte. Si pones C-SPAN, verás que todos los senadores demócratas llevan una mascarilla y los republicanos la cara descubierta. Es un claro ejemplo de cómo la política centrada en la ideología ha llegado a definir esta enfermedad y esta tragedia nacional.

Ed se pregunta si Trump era el síntoma o la enfermedad

Llegados a este punto, puede que te estés preguntando por qué no hemos abordado en profundidad el tema del COVID-19: Donald Trump. En este libro, hemos limitado a propósito nuestra discusión sobre Trump bajo la creencia de que sus locuras están bien documentadas y es mejor dejarlas en el espejo retrovisor si el país quiere avanzar y construir sobre una base de respeto. Pero el hecho es que el presidente Trump ocupó el cargo más alto de esta nación durante gran parte de la pandemia y la manejó mal de muchas maneras, especialmente en lo referente a las campañas de vacunación. Ambos creemos que todavía hay mucha gente sin vacunar por culpa de Donald Trump.

Sin embargo, la gestión de Trump de la pandemia no fue inesperada. Actuó como Donald Trump. Hay una pregunta más profunda que hacerse aquí, una pregunta que Ed hizo a los estudiantes que participaron en un grupo de debate de ocho semanas sobre civismo que dirigió como parte de su estancia académica en el Instituto Georgetown de Política y Servicio Público. *¿Es Donald Trump un síntoma de la enfermedad o la enfermedad en sí?*

Mis alumnos veían a Trump como un *síntoma* de una enfermedad mayor que ha infectado nuestra cultura de manera significativa. La opinión predominante entre ellos era que Trump refleja problemas más amplios

las semillas de la división se habían plantado durante mucho tiempo. Trump simplemente las regó con una manguera de bomberos.

Mis alumnos de Georgetown me inspiraron para plantear a los votantes de nuestra encuesta Battleground una versión de esta misma pregunta: *¿Es Trump el síntoma o la enfermedad?* Los votantes estaban divididos sobre si él era una de las causas del aumento de la división o si era un subproducto de un país ya fracturado. Al mismo tiempo, casi todos los votantes que encuestamos coincidieron en que algunas de las acciones del expresidente Trump contribuyeron al problema de la incivilidad y la división.

Cuando preguntamos a un grupo de votantes de Biden, el sentimiento fue unánime. Los independientes estaban divididos sobre si Trump era la causa de la aceleración de la incivilidad en el país o si sólo era un subproducto de una tendencia más significativa. Los votantes de Trump eran más propensos a decir que el país se dirigía en esta dirección incluso antes de Trump, mientras que los votantes de Biden eran más propensos a decir que Trump era una causa importante de la división. Algunos votantes de Biden señalaron la insurrección del 6 de enero como un ejemplo de división provocada directamente por Trump, la cual probablemente no se habría producido de otro modo. A continuación, algunas respuestas reveladoras:

Creo que Trump ha tenido algo que ver [con el aumento del incivismo]. (Adulto mayor independiente)

[Trump] Lo intensificó. Creo que ya íbamos en esa dirección. Íbamos por ese camino antes de todo de esto, pero desde luego eso no ayudó nada. (Adulto mayor independiente)

Muchos participantes relacionaron la falta de civismo y la división en el gobierno con la falta de respeto y la división en sus propios hogares. Algunos independientes tenían por norma no hablar de política en su familia para mantener la paz y evitar discusiones. Otros votantes hablaron de cómo su visión política repercutía en su trabajo y les hacía perder ingresos cuando sus clientes descubrían su orientación política. Sin embargo, algunos votantes no veían el problema de civismo como algo personal, sino como un problema que existía en todo el país y en el gobierno. Donald Trump fue una gran revelación. Expuso divisiones que ya existían y las utilizó con fines políticos; legitimó, amplió y convirtió en armas las divisiones entre personas, individuos y grupos.

La política se ha convertido en entretenimiento y Trump se ha aprovechado de eso. Hoy en día, el consumidor tiene más hambre de sensacionalismo que de sustancia, y de confrontación que de civismo por parte de los medios de comunicación. Trump utilizó su versión de la política identitaria para abrir una brecha entre grupos, fomentando una mentalidad de "nosotros contra ellos". Esto alimentó la rectitud moral en la política, con personas que se negaban a participar en discusiones civiles debido a su "fuerte creencia moral" en su perspectiva política. En esencia, la idea es que, si atacas mis ideas, me atacas a mí y atacas a Estados Unidos. Trump sacó a la luz y fomentó nuestra actual polarización y lealtades políticas.

Más de la mitad de los estadounidenses cree que la violencia política aumentará, mientras que menos del 20% piensa que disminuirá. Ahora los enemigos de la democracia yacen dentro: Siete de cada diez encuestados creen que la democracia está amenazada. Quizá lo más sorprendente de todo sea que el 54% de los estadounidenses

de incivilidad, lo que es realmente alarmante. Dado que esta enfermedad espiritual había estado cociéndose a fuego lento bajo la superficie durante años, no me sorprende que una enfermedad real dividiera aún más al país. Ojalá no hubiera sucedido así, pero quizá sea necesario para darnos cuenta de que tenemos que vacunarnos contra la hiperpolarización; como nos ha demostrado la pandemia, nuestras vidas dependen de ello.

Celinda y una mirada al ejemplo de las mujeres

Quiero inyectar un rayo de esperanza en este aleccionador y muy necesario examen de la pandemia. Las mujeres desempeñan aquí un papel crucial, que podría inspirarnos para avanzar.

Parte del principio del fin de Donald Trump se debió a que muchas mujeres votantes se habían desencantado de su estilo. Al principio, pensaron que, al Trump no ser un político, hablaba directamente por ellas. Su liderazgo dio un giro nefasto cuando utilizó la división para gobernar en beneficio político. Al principio, estas mujeres tenían problemas con su estilo, pero seguían con él porque estaban de acuerdo con su agenda. Entonces llegó COVID-19, y estas mujeres pudieron ver su estilo de gobernar, mezquino y egoísta, cada noche en la televisión. Su innecesaria e inapropiado desdén hacia las enfermeras, funcionarios del Centro de Control de Enfermedades y demás personas que intentaban controlar la pandemia, obstaculizó nuestra respuesta a la rápida propagación del virus, impidiendo la aplicación de políticas y, en última instancia, perjudicando al país.

A las mujeres no les gustaba su estilo porque las mujeres siempre quieren unir a la gente. Nos vemos como unificadoras, las hacedoras de paz, en todo, desde la cena de Acción de Gracias hasta la política. Las mujeres entendemos que no podemos hacer las cosas a menos que trabajemos juntas: a nivel familiar, comunitario y de gobierno nacional.

Los sondeos muestran el cansancio de la batalla

¿No estamos hartos de la polarización y la incivilidad que amenazan la integridad de nuestras elecciones presidenciales? Los datos de nuestras encuestas Battleground más reciente sugieren que los estadounidenses están cansados del conflicto, el señalamiento y la disfunción en Washington, DC. Nuestras encuestas cuentan que algunos votantes se mostraban optimistas, con la sensación de que lo peor de la pandemia ya había pasado y Estados Unidos empezaba a recuperarse. La victoria de Biden y el cambio en la administración alimentaron esos sentimientos optimistas. Nuestros grupos de discusión también nos mostraron que la gente quiere líderes fuertes, decididos, decentes, abiertos a la búsqueda de soluciones conjuntas y llenos de empatía.¬ He aquí algunas de sus respuestas:

> *Creo que abierto y honesto, siempre que haya honestidad abierta. Creo que pensar antes de hablar es realmente importante. Me gustaría ver eso en nuestros líderes, tener las cosas bien pensadas, articuladas, que no sólo digan lo primero que se les ocurra.* (Mujer independiente)

Quiero a alguien que sea compasivo. Quiero un líder que comparta mis mismos valores o al menos sea de mente abierta. Las cosas cambian mucho, así que quiero a alguien que esté

En cambio, queremos, y por el bien de nuestra democracia, debemos mirar hacia adelante, hacia una época de diversidad e igualdad. Somos una nación de inmigrantes, un país de contradicciones e intereses contrapuestos, una nación de asombroso ingenio e innovación, y una nación de vil racismo y estupidez. A pesar de todas estas características, a veces dispares, como nación hemos trabajado juntos para crear una tierra de libertad y oportunidades, algo demasiado valioso para destruirlo en aras de quienes tienen una agenda egoísta y carente de visión.

Una última advertencia

Somos conscientes de que cualquier debate sobre la pandemia puede parecerse mucho a la propia pandemia: un flujo interminable de información negativa sin muchas soluciones. Para ser francos, durante nuestro Retiro de Respeto en Carolina del Sur, nos dimos cuenta de que cualquier respuesta con que nos pusiésemos de acuerdo parecía insignificante frente a la magnitud de la miríada de problemas que el COVID-19 ha sacado a la superficie. Lo que hemos intentado hacer a lo largo de este libro es analizar con rigor y honestidad esos problemas y retos. Esperamos que, al volcar la mirada sobre nosotros mismos, todos nos demos cuenta de la *gravedad* de la situación. Si este capítulo parecía sombrío, es porque pretendíamos que lo fuera. Esperamos que sea un golpe de realidad que muestre lo mal que se han puesto las cosas.

Terminemos con algunas señales de que todo está lejos de estar perdido, de que el respeto prevalecerá, gracias a algunas luces brillantes al final de este oscuro túnel en el que todos nos encontramos en este preciso momento.

Nuestro deseo con este libro es que las cuestiones planteadas en los capítulos anteriores te hayan inspirado inquietud y reflexión. El análisis crítico siempre precede al cambio. Al mismo tiempo, reconocemos que una reorganización generalizada de nuestros valores nacionales en torno al respeto exigirá la actuación de instituciones e individuos; admitir que la malicia estadounidense y la falta de respeto mutua es, en cierto modo, bastante fácil. Sin embargo, su modificación exigirá un esfuerzo continuo. Desgraciadamente, no hemos tenido un gran apoyo de nuestros actuales líderes electos en este sentido. Consumidos por las disputas partidistas, protegidos en sus silos mediáticos, muchos están ahora acostumbrados a la incivilidad ofensiva y defensiva. ¿Quién tomará entonces la batuta?

La respuesta más obvia, para nosotros, es los jóvenes estadounidenses. Nosotros mismos venimos de una juventud activista. Estábamos en la escuela en los años sesenta y nos graduamos en plena efervescencia del movimiento antibelicista, otra época turbulenta de la historia de nuestro país. Nuestros años universitarios comenzaron con la tragedia de Kent State, que llevó más voces tanto a las calles como a los campus universitarios, pero también vio a muchos estudiantes buscando formas de hacer oír su voz a través de vías más tradicionales. Los jóvenes de hoy no son menos apasionados que los que caminaron antes que ellos. Muchos consideran que el movimiento antibelicista representa sus ideales: los derechos humanos y el respeto a nuestros compatriotas. La actuación de los jóvenes será decisiva para consolidar el respeto como valor fundamental de nuestra democracia. Creemos que el éxito de esta empresa depende en gran medida de su devoción y compromiso. Como nación, también necesitaremos líderes electos que defiendan el civismo y el respeto en lugar de seguir luchando en las trincheras de las divisiones partidistas, líderes que iluminen el camino para nuestros jóvenes. Aun así, creemos que tienen una excelente oportunidad de impulsar un movimiento en las universidades, el cual se extenderá a los lugares de trabajo y las comunidades.

El pueblo estadounidense parece estar de acuerdo. En nuestra encuesta Battleground de enero de 2022, el 58% del público dijo: "Los jóvenes son la mejor esperanza para el futuro". Los propios jóvenes respondieron abrumadoramente a esta pregunta de forma afirmativa. Eso es crítico, pues significa que los jóvenes confían en que son los indicados para la tarea. En lugar de caer en el nihilismo, se han mantenido optimistas sobre su capacidad. Afortunadamente, cuentan con el apoyo de las personas mayores.

Fascinados por la respuesta a esa encuesta Battleground, nos involucramos directamente con los jóvenes. En marzo de 2022, organizamos un grupo de discusión en la Universidad de Georgetown con diez estudiantes en edad universitaria y realizamos siete entrevistas individuales con adultos más jóvenes no universitarios. Esas entrevistas individuales se realizaron a personas no estudiantes de California, Dakota del Sur, Florida, Carolina del Norte, Ohio y Pensilvania. Los estudiantes del grupo de discusión de Georgetown pertenecían a diversos partidos políticos y eran originarios de

Nueva York, Virginia Occidental, Georgia, Misuri, Ohio, DC, Arizona y Florida. Tanto en las entrevistas individuales a no estudiantes como en el grupo de discusión de estudiantes universitarios se mezclaron el género

[texto ilegible]

aba a construir la democracia en Hungría". Les dijimos que estábamos escribiendo un libro sobre el respeto y les hicimos leer el primer capítulo antes de las entrevistas. En los grupos de discusión, dejamos claro que no nos interesaban las respuestas académicas; no estábamos allí para profundizar en el estudio presentado en su clase de sociología ni para debatir el más reciente artículo del *New York Times*. Tampoco buscábamos el consenso. Queríamos sus opiniones. Les dijimos que fomentábamos el desacuerdo en el marco del respeto.

Es justo decir que estos jóvenes estuvieron a la altura de ese reto mucho mejor que la mayoría de nuestros dirigentes, aunque en un entorno controlado. Las conversaciones resultaron esclarecedoras y alentadoras. Dado que el número de participantes fue limitado, no presentaremos el trabajo como cuantitativo. Sin embargo, *podemos* estar seguros de que estos jóvenes conocían perfectamente gran parte del contenido de este libro.

Una de las primeras cosas a las que les pedimos que respondieran fue a los datos de la encuesta Battleground que inspiraron el consenso mayoritario en nuestra encuesta de 2002. "El 58% de los ciudadanos considera que los jóvenes son la mejor esperanza para el futuro del país", les dijimos. "¿Cómo te hace sentir eso? ¿Qué te parece?"

"Creo que me enfada", respondió una mujer llamada Amimi. "No es por echar la culpa a las generaciones mayores, pero casi da la sensación de que nos están trasladando la carga de las responsabilidades de crear el cambio. Pero también me da una sensación de urgencia porque creo que casi todos los jóvenes que conozco quieren cambiar las cosas".

El deseo de cambio de Amimi fue omnipresente entre los participantes. Este grupo expresa ese sentimiento con más frecuencia y fervor que cualquier otro grupo de edad. Sin embargo, casi unánimemente, también consideraron que sería difícil y que el país no iba en la dirección correcta. El enfado de Amimi no fue una excepción. En general, el grupo de estudiantes de Georgetown y los sentimientos sobre el rumbo del país mostraban una mezcla de nerviosismo y ansiedad, frustración y decepción.

"Diría que me siento atascado. Sí, es como un punto muerto", dijo Louis, un joven estudiante de Colorado.

"Diría que me siento irritado porque creo que hay algunas decisiones que podríamos tomar que son opciones más morales", dijo un estudiante no universitario llamado Michael.

En general, los sentimientos negativos se centraron en la sensación de que el gobierno no estaba haciendo nada. Compartían el sentimiento común de que la división había empeorado en el país y la política era demasiado polarizadora. "Creo que la humanidad ha sido absorbida por la política; la humanidad ha sido eliminada", reflexionaba un joven estudiante llamado J.K.

En particular, a los participantes del grupo de Georgetown les preocupaba que Estados Unidos estuviera perdiendo el poco término medio que le quedaba, y a su vez que estuviera convirtiéndose en una batalla entre dos bandos a los que, en las condiciones actuales, les resultaba imposible entenderse. "Esto lo vi de primera mano en mi país, Venezuela. Nací y crecí allí", nos cuenta una joven llamada María Victoria. "Todavía tengo allí familia que sufrió la intolerancia de los Chavistas, el ala socialista de izquierda del país, y del partido de la oposición. Allí no hay término medio; el término medio no existe en absoluto en Venezuela, y es algo que he visto que ha estado ocurriendo en este país.¬ La división se ha ido polarizando cada vez más, así que eso es algo que me preocupa porque una vez que dejas ¢ un término medio, una vez que has estado en el juego durant tiempo, se agotan las buenas ideas. Así que es el turno de otros",

"Bueno, creo que no hemos visto muchos cambios porqu tro gobierno es muy viejo. Como que no saben realmente cón lizar las redes sociales", comentó una estudiante de human llamada Nicolette.

Teníamos curiosidad de saber qué cambios esperaban estos jóvenes por parte de los nuevos dirigentes. Cambiar la guardia es una cosa. Lo que ocurre a continuación es algo totalmente distinto. Todos los participantes creen que los derechos humanos son fundamentales para una democracia; consideran que todas las personas, como seres humanos, merecen igualdad. "Personalmente me encuentro energizada por muchas personas de nuestra generación en cuanto a la comprensión de que los derechos civiles y los derechos humanos no tienen por qué ser una cuestión política", dijo Nicolette.¬ Consideran el respeto como un valor fundamental, lo que nos hizo sonreír. El respeto fue una idea común que estos participantes consideraban que podía unir a la gente por encima de las diferencias partidistas.

Sin embargo, todos los participantes estaban más divididos en cuanto a cómo se obtiene ese respeto. "Yo diría que el primer principio del respeto es reconocer la humanidad que hay en todos, y eso puede ser muy difícil", admitió Amimi. Todos coincidieron en que es esencial tener empatía, escuchar y ser abierto de mente para fomentar el respeto.

La mitad de los participantes en el grupo de Georgetown creía que se debía respetar automáticamente a todo el mundo como a un semejante. Otros miembros del grupo consideran que el respeto debe ganarse. "Los que me nieguen *mi* identidad no merecen mi respeto", fue una frase común. Es difícil mantener un nivel de respeto mutuo cuando me ves cómo menos que un ser humano", dijo Ada.

Este tema de la definición del respeto nos interesó mucho. Vimos que los estudiantes nos desafiaron a comprender lo que significa el respeto genuino y, al mismo tiempo, a tener esperanza en un futuro en el que podamos controlar esta dinámica. El principal peligro que vislumbramos para esta generación, dado este desglose, es la falta de respeto. Tal como están las cosas, muchos creen que pueden actuar con falta de respeto porque consideran que otra u otras personas han violado su humanidad básica.

Al abordar esta cuestión y aconsejar a los jóvenes, partimos de una definición más directa del respeto. Creemos que debemos respetarnos mutuamente *hasta* que nos demos una razón para no hacerlo. La palabra "hasta" es la parte crítica de la definición. Significa que nos beneficiamos de la escucha abierta de nuestros conciudadanos cada vez que participamos en un debate, tanto en la escena mundial como en nuestras salas de estar y nuestras mesas. Creemos firmemente en esta definición de respeto. Nos educaron así y así nos comportamos. Hoy en día, la mayoría de los demócratas no esperan apertura de miras y respeto básico de los republicanos, ni los republicanos esperan eso de los demócratas o de los más progresistas. Sin embargo, esta expectativa de lo que se necesita (y de lo que aún es posible) es uno de los anclajes de nuestra amistad y lo que nos ha llevado a escribir este libro. Si hay una tesis aquí, una enseñanza que queremos transmitir a los jóvenes es ésta: *Empezar por el respeto.*

A medida que continuaban las conversaciones en Georgetown, se convirtieron en sesiones de lluvias de ideas para ayudarnos a encontrar posibles soluciones a los problemas que presentábamos en el libro. Las redes sociales fueron un rico filón de debate. Las redes sociales son el primer lenguaje de los jóvenes y, como las utilizan constantemente, comprenden el enorme papel que desempeñan en la división.

"Voy a hacer que arreglen las redes sociales", dijo Ed en broma. Se tomaron muy en serio asumir esta responsabilidad, ya que su fluidez les daba una mejor perspectiva sobre las posibles soluciones para la gran brecha existente en los medios sociales. Querían responsabilizar tanto a las plataformas en línea *como* a los demás. Afirmaron que las empresas de redes sociales deben mejorar la manera en que moderan el contenido, bloqueando la información falsa y los contenidos que refuerzan el odio.¬ Eso no es para sorprenderse, ya que la mayoría de los jóvenes sostienen esas opiniones y están menos preocupados que otros grupos demográficos que defienden su concepto de lo que consideran la necesidad de una "libertad de expresión absoluta en las redes sociales". Quizá sorprenda que algunos de estos jóvenes se ofrecieran como voluntarios para cambiar *su* comportamiento. Hablaron de diferentes experimentos personales, como descansar de las redes sociales y compartir y reenviar menos cosas que puedan causar división. Varios incluso fueron más allá de la idea de experimentos individuales y plantearon la idea de emprender una acción más amplia para abordar la reforma de los algoritmos, lo que nos pareció intrigante.

Algunos miembros del grupo de Georgetown vieron en estos debates un ejemplo de cómo hablar sobre los problemas y escuchar los puntos de vista de los demás era una estrategia que podía ayudar a salvar la enorme brecha de polarización. Como dijo un joven llamado Brady: "Estoy tan impresionado con todos los estudiantes, con todos los que estamos aquí en esta conversación y con lo atentos que han sido todos. Eso realmente me da esperanzas para el país".

Escuchar los problemas y las soluciones de sus compañeros les dio a estos participantes esperanzas en su generación, ya que las preocupaciones de todos parecían legítimas, incluso si esos problemas no habían sido anteriormente una preocupación para otros. Nadie veía a su generación como superhéroes que pudieran salir instantáneamente a mejorar el mundo; más sí veían a su generación como un compuesto de individuos que podían escuchar, aprender y tener una variedad diversa de soluciones. "No creo que seamos salvadores superdotados. Creo sinceramente que la mayoría de los estadounidenses se sienten así por naturaleza", continuó Brady.

J.K. también expresó con fuerza ese mismo sentimiento optimista y su voluntad de apertura e inclusión. "Mis respetos para todos ustedes", dijo a sus compañeros. "Honro su resistencia. Honro su historia. Honro de dónde vienen. Y por eso, si alguna vez me pusieran en una posición en la que necesitáramos crear políticas públicas, crear regulaciones y emitir un juicio, los honraría en la medida en que pudiera comprometer mi propia experiencia con el entendimiento de que lleguemos a un lugar, no dentro de la mentalidad más alejada, sino para mejorar las cosas para todos los demás".

Estos participantes pensaban que era posible encontrar puntos en común aun discrepando en cuestiones importantes. Sostenían que su generación, mediante el respeto, la comprensión mutua y la escucha, era la indicada para arreglar muchos aspectos de un sistema político dañado. "Yo diría que [el respeto] es algo que hay que elegir cada día", dijo María Victoria. "No es algo que puedas poner en el fondo de tu mente, sino algo que tienes que elegir".

Sostuvimos estos grupos de discusión para comprobar hasta qué punto se ha levantado un muro entre las generaciones. Nuestra conclusión, al final, fue que el muro no es tan alto como pensábamos. Estos jóvenes, y sus compañeros, están profundamente comprometidos con el futuro de Estados Unidos. Es alentador que el 58% de los ciudadanos crea que son nuestra mejor esperanza para el futuro. Puedes situarnos firmemente en ese grupo.

El papel del liderazgo

Por supuesto, los jóvenes no pueden afrontar solos el reto del momento. Necesitarán no sólo aliados, sino *líderes* que den un paso al frente e iluminen el camino con un firme compromiso hacia el discurso civil y respetuoso en el ámbito público. Un comentario de J.K., el único joven optimista, tocó nuestras fibras más sensibles. "Ahora bien, lo que sí tenemos que reconocer y darnos cuenta es que debemos elegir, y debemos empoderar a personas buenas, éticas e inteligentes para que nos ayuden en estos momentos", afirmó. "Y por eso soy tan optimista".

J.K. es muy sabio para su edad. Un movimiento juvenil hacia la civilidad y el respeto necesita líderes experimentados y comprometidos con esos objetivos específicos. ¿Cómo serían tales líderes? De hecho, hoy en día parece haber escasez de este tipo de personas. Como ya no somos jóvenes, nos inspiramos en los grandes líderes de nuestra generación, como John McCain.

John McCain fue un servidor público que sirvió al país en la guerra y en la paz. Fue testigo de lo peor de la inhumanidad del hombre como prisionero de guerra en Vietnam. Esta experiencia le impulsó a esforzarse por siempre tratar a sus semejantes con dignidad y respeto. Era un campeón del civismo. Durante los días más álgidos de la carrera presidencial de 2008, un votante en un mitin de Minnesota acusó a Barack Obama de ser de la "cohorte de terroristas domésticos".

Faltaban tres semanas para que los votantes decidieran la presidencia y McCain iba por detrás en las encuestas. Esta era la oportunidad para alentar los peores impulsos de algunos de sus seguidores y, tal vez, ganar en el proceso un muy necesario impulso. No obstante, salió en defensa de su oponente. "Tengo que decirles", respondió, "que es una persona decente, y una persona a la que no hay que temer como [el] presidente de Estados Unidos".

El público abucheó de inmediato. McCain hizo una pausa y se llevó la mano a la sien, claramente molesto por la incivilidad del momento. Pero siguió ensalzando el valor de discrepar de las ideas de Obama sin dejar de respetarle como estadounidense. Más tarde en el mitin, subió al escenario a la mujer que llamó "árabe" a Obama.

Negando enérgicamente con la cabeza, McCain gentilmente le retiró el micrófono. "No, señora", dijo.

"¿No?", insistió.

"No, señora", insistió. "Es un hombre de familia decente [y] un ciudadano con el que no estoy de acuerdo en cuestiones fundamentales".[61]

Hasta su último aliento, McCain siguió viviendo según este código de respeto. En la declaración de despedida que escribió para el público, reafirmó esos valores: "Conciudadanos estadounidenses: esa asociación ha significado para mí más que ninguna otra", escribió. "Somos trescientos veinticinco millones de individuos obstinados y vociferantes. Discutimos, competimos y a veces incluso nos vilipendiamos mutuamente en nuestros estridentes debates públicos. Pero siempre hemos tenido mucho más en común que en desacuerdo. No desesperen de cara a nuestras actuales dificultades, crean siempre en la promesa y la grandeza de Estados Unidos porque aquí nada es inevitable. Los estadounidenses nunca se rinden; nunca nos damos por vencidos. Nunca nos escondemos de la historia, hacemos historia".[62]

Entonces, ¿Cómo "hacemos historia", haciendo eco de las eternas palabras de McCain? Necesitamos nuevos líderes que lleguen y continúen el legado de McCain. Tienen que ser líderes que no sólo apelen a los jóvenes, sino también a lo más bondadoso que hay en la gente, e iluminen el camino hacia una nación más civilizada y respetuosa. Coincidimos con nuestro grupo de discusión en que los universitarios como ellos no van a dejarse motivar por otro adulto mayor con traje. Quizás parezca injusto, pero es la verdad. Un político que podría ser un ejemplo fructífero es Pete Buttigieg. Ya hemos hablado de las Reglas del Camino de la campaña del alcalde Pete - su continua aplicación de esos valores desde su candidatura presidencial es alentadora.

Somos conscientes de que estos líderes no surgirán de la nada: Hay que buscarlos, fomentarlos y darles todas las oportunidades para que hablen y atraigan a los jóvenes. Tal vez como encuestadores, este es un espacio donde podemos servir a nuestro país de alguna manera. Aunque no nos interesa ser líderes políticos, podemos facilitar ese liderazgo. Una de nuestras labores como encuestadores es tener el radar encendido para captar nuevos movimientos que incorporar a la estructura y estrategia de cada partido. Decenas de personas (no sólo los jóvenes) sienten la necesidad de que todos nos centremos más en el respeto y en reducir la división. Afortunadamente, podemos informar que este imperativo está creciendo orgánicamente en las universidades de todo el país. ¬En las universidades de todo el país cada vez hay más programas centrados en el civismo y la polarización: desde el programa de nuestro colega Mo Elleithee en Georgetown hasta la Iniciativa Ithaca de la Escuela Biden de la Universidad de Delaware, pasando por el Instituto Nacional para el Discurso Civil de la Universidad de Arizona. Todos estos programas llegan en un momento crítico, no sólo al incorporar los estudiantes de cada campus, sino que también se involucran entre sí, sentando las bases de un movimiento nacional nacido en nuestras universidades e impulsado por estudiantes que quieren que las cosas cambien. Como encuestadores, podemos tomar el pulso al electorado. De este modo, informamos a los candidatos con los que trabajamos que la gente realmente desea un discurso más civilizado centrado en las soluciones, no en la división y la discordia, lo cual vemos que desempeña un papel más significativo en su decisión final de voto.

Una nota final

El proceso de escribir este libro ha cambiado nuestra relación. A lo largo de estos dos años de escritura, hemos llegado a comprendernos aún mejor. Antes de emprender este viaje, no éramos plenamente conscientes de hasta qué punto nuestras opiniones compartidas sobre el respeto estaban reforzadas por nuestros padres y los valores fundamentales que nos inculcaron. Fue interesante porque una familia (la de Celinda) era republicana, mientras que la otra (la de Ed) era demócrata, y cada uno cambió de partido. Contar con esa afiliación previa y adquirir una perspectiva desde dentro fue muy beneficioso.

Lo que nos encantó del otro desde el principio fue que, desde nuestras raíces, nos comprometíamos con aquello en lo que creíamos. Nos tratábamos con respeto porque considerábamos que se trataba de preocupaciones y compromisos humanistas, no simplemente de nuestras posturas sobre diversas cuestiones políticas y sociales.

Cuando decidimos escribir un libro que trataba temas políticos delicados, y a menudo polémicos, nuestras posturas no siempre estaban alineadas. Tuvimos que encontrar la manera de llegar a un punto medio y no centrarnos en nuestros desacuerdos políticos, sino en nuestro objetivo común de defender el respeto. Aprendimos que un liderazgo fuerte significa dejar espacio para que los demás ofrezcan opiniones divergentes en una atmósfera de respeto mutuo y voluntad de mantener la mente abierta y, cuando sea necesario, encontrar un fértil terreno común que ofrezca lo mejor para la mayoría.

Seguimos teniendo puntos de desacuerdo. Siempre será así. Pero siempre nos escucharemos, no nos enfadaremos, insultaremos ni despreciaremos. Aportaremos nuestro respeto mutuo a cada interacción, a cada encuesta que hagamos juntos, a cada consejo de campaña que demos a nuestros clientes y a cada tutoría que emprendamos. El compromiso que compartimos es fundamental para nuestras relaciones: ambos somos ciudadanos preocupados que lo único que desean es mejorar la vida de los demás. Esperemos que sientas lo mismo por quienes están en tu vida y en tus papeletas después de leer este libro.

Gracias, querido lector, por escuchar tan respetuosamente

Acerca de los autores

ED GOEAS

E d Goeas es presidente y consejero delegado del Grupo Tarrance, uno de los equipos republicanos de investigación y estrategia de encuestas más respetados y con más éxito de la política estadounidense. Son los encuestadores de treinta miembros actuales de la Cámara de Representantes, doce senadores y cinco gobernadores de los Estados Unidos. A lo largo de los últimos treinta años, el equipo del Grupo Tarrance ha elegido a cientos de miembros de la Cámara de Representantes de los Estados Unidos, docenas de senadores, numerosos gobernadores e innumerables cargos públicos de todo el estado.

En reconocimiento al número de campañas ganadoras llevadas a cabo por el Grupo Tarrance, Ed y sus socios, Brian Tringali y Dave Sackett, fueron galardonados como "Encuestador Republicano del Año 2010" y "Encuestador Republicano del Año 2014" por la Asociación Americana de Consultores Políticos (AAPC).

Ed también es ampliamente reconocido como uno de los principales estrategas políticos del país.

A lo largo de su carrera, Ed ha realizado una amplia investigación mediante encuestas sobre salud, reforma de la justicia penal, reforma a la inmigración, educación, sobre jóvenes votantes o juventud y populismo. Fue director de programas de la Convención Nacional Republicana de 2008 para John McCain. Durante veinticinco años fue miembro de la Junta Directiva de la Asociación Americana de Consultores Políticos (American Association of Political Consultants), siendo el miembro de mayor duración el cargo, centrando sus esfuerzos en la ética de las campañas y promoviendo una mayor participación de los jóvenes en el sector.

Además de su trabajo de campaña, Goeas colabora con la encuestadora demócrata Celinda Lake en la Encuesta Battleground del Instituto de la Universidad de Georgetown de Política y Servicio Público, uno de los programas nacionales de investigación política más respetados del país. En 2011, Lake y Goeas fueron galardonados con el Premio de "Servicio Distinguido a la Profesión" por su trabajo en la encuesta Battleground durante los últimos veinte años.

CELINDA LAKE

Celinda Lake es una de las principales estrategas políticas del Partido Demócrata. Fue una de las dos principales encuestadoras de la campaña de Biden y sigue trabajando para el DNC. Trabaja para los comités nacionales del partido y para docenas de candidatos demócratas en ejercicio y candidatos aspirantes. Celinda y su empresa (Lake Socios Investigadores) son conocidos por sus investigaciones de vanguardia sobre temas como la economía, la salud, el medio ambiente y la educación, y han trabajado para varias instituciones, como la Asociación de Fiscales Generales Demócratas, AFL-CIO, SEIU, NRDC, ecoAmerica, NARAL, Paternidad Planeada, EMILY's List y la Fundación Familiar

Barbara Lee. Ha trabajado en Liberia, Bielorrusia, Ucrania, Sudáfrica y Centroamérica. Durante el ciclo electoral de 1992, Celinda supervisó la investigación de grupos de discusión para la campaña Clinton-Gore. En 2005, ella y Kellyanne Conway publicaron *What Women Really Want (Lo que Realmente Quieren las Mujeres),* que examina cómo las mujeres están cambiando el panorama político en Estados Unidos. Celinda es una de las mayores expertas del país en cuestiones de encuadramiento de las mujeres votantes y ha logrado la elección de más mujeres para cargos públicos como ninguna otra empresa del país.

Celinda, natural de Montana (nació y creció en un rancho), es una de las balseras más ávidas del mundo político, posee un máster en Ciencias Políticas e Investigación de Encuestas de la Universidad de Michigan en Ann Arbor y un certificado en Ciencias Políticas de la Universidad de Ginebra (Suiza). Celinda se licenció en el Smith College de Massachusetts y acaba de recibir la Medalla al Alumno Distinguido. Recibió el premio a la trayectoria profesional de la Asociación Americana de Consultores Políticos (AAPC) junto con el republicano Ed Goeas por su trabajo en la encuesta Battleground. Residente de Washington, DC, a Celinda le gusta pescar, viajar, cocinar, asistir a ferias de artesanía y presentaciones de danza, y pasar tiempo con amigos en su tiempo libre.

MO ELLEITHEE

Mo Elleithee es un estratega estadounidense de campañas políticas. Demócrata, ha sido portavoz del Comité Nacional Demócrata, de Hillary Clinton y de otros cargos electos y organizaciones Democráticas.¬ Actualmente es director ejecutivo del Instituto de Política y Servicio Público de la Universidad de Georgetown. En 2016, se convirtió en colaborador político de FOX News.

Mo Elleithee es el director ejecutivo fundador del Instituto de Política y Administración Pública de la Universidad de Georgetown, el primer instituto de este tipo en la capital del país.

Antes de lanzar el instituto en 2015, Mo pasó dos décadas como uno de los principales estrategas de comunicación del Partido Demócrata, más recientemente como director de comunicación y portavoz jefe del Comité Nacional Demócrata.

Veterano de cuatro campañas presidenciales, Mo fue portavoz principal y secretario de prensa itinerante en la campaña de Hillary Clinton de 2008, así como también el asesor principal y estratega de las campañas del senador Tim Kaine para gobernador y senador de los Estados Unidos, además de haber trabajado en otras muchas contiendas estatales y locales en todas las regiones del país.

Comentarista político habitual en televisión y radio, Mo fue nombrado colaborador de FOX News en 2016. Fue socio fundador de Soluciones Públicas Hilltop, una de las principales empresas de consultoría política y asuntos públicos de Washington. Ha sido reconocido en la lista "Poder 100" de la revista *Washington Life*; como "Top Influencer" por la revista *Campaigns & Elections* y figura en la "Lista de Invitados" de la revista *Washingtonian*.

Elogio de Joe Biden a John McCain

"**M**i nombre es Joe Biden. Soy demócrata. Y quise mucho a John McCain. A lo largo de los años he tenido el dudoso honor de pronunciar algunos panegíricos para excelentes mujeres y hombres a los que he admirado. Pero, Lindsey, este es difícil.

"Los tres hombres que hablaron antes de mí, creo, captaron a John, diferentes aspectos de una forma que sólo alguien cercano a él podría entender. Pero como lo veo, la manera en que lo pensé es que siempre consideré a John como un hermano. Tuvimos muchas discusiones familiares. Nos remontamos muy atrás. Yo era un joven senador de los Estados Unidos. Fui elegido cuando tenía veintinueve años. Tuve el dudoso honor de que me pusieran en el comité de formulaciones, en el que la siguiente persona más joven tenía catorce años más que yo. Y pasé mucho tiempo viajando por el mundo porque se me asignó la responsabilidad, mis colegas del Senado sabían que yo era presidente de la subcomisión de Asuntos Europeos, así que pasé mucho tiempo en la OTAN y luego en la Unión Soviética.

"Un par de años después llegó un tipo que yo conocía, que admiraba de lejos, tu esposo, que había sido prisionero de guerra, que había soportado un enorme, enorme, dolor y sufrimiento. Y demostró el código, el código McCain. La gente no piensa mucho en ello hoy en día, pero imagina que ya conoces el dolor que probablemente ibas a soportar y que te ofrezcan la oportunidad de volver a casa, pero dices que no. Como su hijo lo puede decir en la Marina: el último en entrar, el último en salir.

"Entonces supe de John, quien se convirtió en el oficial de enlace de la Marina en el Senado de los Estados Unidos. Hay una oficina, en ese entonces estaba en el sótano, de militares que se asignan a los senadores cuando viajan al extranjero para reunirse con jefes de estado u otros dignatarios extranjeros. Y John había sido liberado recientemente del Hanoi Hilton, un auténtico héroe, y se convirtió en el enlace de la Marina. Por alguna razón, congeniamos desde el inicio. Los dos estábamos llenos de sueños y ambiciones y un deseo abrumador de hacer que el tiempo que pasáramos allí mereciera la pena. Intentar hacer lo correcto. Pensar en cómo podíamos mejorar las cosas para el país que tanto amábamos.

"John y yo acabábamos viajando juntos cada vez que iba a algún sitio. Llevaba a John conmigo o John me llevaba con él. Estuvimos en China, Japón, Rusia, Alemania, Francia, Inglaterra, Turquía, en todo el mundo. Decenas de miles de kilómetros. Nos sentábamos en el avión hasta altas horas de la noche, cuando todo el mundo dormía, nosotros conversábamos. Conociéndonos. Hablábamos de familia, de política, de relaciones internacionales. Hablábamos de la promesa, la promesa de Estados Unidos. Porque los dos éramos optimistas y creíamos que no hay nada que supere la capacidad de este país. Enserio, de verdad, absolutamente nada.

"Y cuando llegas a conocer a otra mujer o a otro hombre, empiezas a conocer sus esperanzas y sus miedos; llegas a conocer a su familia incluso antes de conocerlos; ya sabes que piensan sobre lo importante. Hablamos de todo menos del cautiverio y de la pérdida que acababa de ocurrir en mi familia, mi mujer y mi hija, las dos únicas cosas de las que no hablamos.

"Pero luego Jill y yo no tardamos mucho en casarnos. Jill está hoy aquí conmigo. Llevaba cinco años siendo padre soltero, y ningún hombre se merece un gran amor, mucho menos dos. Y conocí a Jill. Me cambió la vida. Ella se enamoró de él y él de ella. Siempre la llamaba, ya que Lindsey viajaba con ella, Jilly. De hecho, cuando se aburrían de estar conmigo en esos viajes, recuerdo que en Grecia él dijo: "¿Por qué no me llevo a Jill a cenar?". Más tarde, me enteraría de que estaban en un café del puerto y él la tenía bailando encima de una mesa de cemento bebiendo ouzo. No es broma. Jilly. ¿Verdad?

"Pero llegamos a conocernos bien, y él quería a mis hijos Beau y Hunt. De joven, vino a mi casa, y vino a Wilmington, y de ahí surgió una gran amistad que trascendió cualquier diferencia política que tuviéramos o que surgiera más tarde porque, por encima de todo, por encima de todo, entendíamos lo mismo. Toda política es personal. Todo es cuestión de confianza. Confiaba en John con mi vida, enserio, y creo que él hubiera hecho lo mismo. Y a medida que nuestra vida avanzaba, aprendimos más, hay momentos en que la vida puede ser tan cruel, el dolor tan cegador, que es difícil ver otra cosa.

"La enfermedad que acabó con la vida de John acabó con la vida de nuestro amigo común, Teddy [Kennedy], exactamente la misma enfermedad que hace nueve años, hace un par de días, y hace tres años, acabó con la vida de mi precioso hijo Beau. Es brutal. Es implacable. No perdona. Y se lleva tanto de aquellos a quienes amamos y de las familias que los quieren que, para sobrevivir, tenemos que recordar cómo vivieron, no cómo murieron. Llevo conmigo una imagen de Beau, sentado en un pequeño lago en el que vivimos, arrancando el motor de una vieja lancha y sonriendo. No sus últimos días. Estoy seguro de que Vickie Kennedy tiene su propia imagen, mirando, viendo a Teddy tan vivo en un velero, en el Cabo. Para la familia, cada uno encontrará sus propias imágenes, ya sea recordando su sonrisa, su risa o ese toque en el hombro o pasando su mano por la mejilla. O, simplemente, sentir que alguien te mira, girarte y ver que te sonríe, desde la distancia, simplemente mirándote. O cuando viste la alegría pura en el momento en que estaba a punto de subir al estrado del Senado y empezar una pelea.

"Le encantaba. Así que, a Cindy, los niños, Doug, Andy, Cindy, Meghan, Jack, Jimmy, Bridget, y sé que ella no está aquí, pero a la Sra. McCain, sabemos lo difícil que es enterrar a un hijo. Mi corazón está con ustedes. Sé que, en este momento, el dolor que todos ustedes están sintiendo es muy agudo y un gran vacío. La ausencia de John los consume por dentro en este momento. Es como ser absorbido por un agujero negro dentro de tu pecho. Y da miedo. Pero sé algo más, por desgracia, por experiencia. No hay nada que nadie pueda decir o hacer para aliviar el dolor en este momento. Pero pido, rezo para que les consuele saber que, porque compartieron a John con todos nosotros, toda su vida, el mundo comparte ahora con ustedes el dolor por su muerte.

"Miren alrededor de esta magnífica iglesia. Miren lo que vieron venir ayer del Capitolio estatal. Es duro estar parado ahí, pero parte de ello, parte de ello era, al menos para mí con Beau, con estar de pie en el Capitolio del Estado, ya sabía. Fue auténtico. Fue profundo. Tocó muchas vidas. He recibido llamadas no sólo porque la gente sabía que éramos amigos, no sólo de gente de todo el país, sino de líderes de todo el mundo. Meghan, estoy recibiendo muchas cartas de condolencia, cientos, y tweets.

"El carácter es el destino. John tenía carácter. Mientras que otros echarán de menos su liderazgo, su pasión e incluso su terquedad, tú vas a echar de menos esa mano sobre tu hombro. Familia, ustedes van a echar de menos al hombre, fiel como era, que sabían que literalmente daría su vida por ustedes. Y para eso, no hay más bálsamo que el tiempo. El tiempo y los recuerdos de una vida bien vivida, vivida plenamente.

"Pero les hago una promesa. Les prometo que llegará un momento en que pasarán seis meses y todo el mundo pensará, bueno, ya pasó. Pero van a pasar por ese campo o a oler esa fragancia o a ver esa imagen intermitente. Se van a sentir como el día que recibieron la noticia. Pero saben que van a salir adelante. La imagen del padre, del esposo, del amigo, se les pasa por la mente, y una sonrisa aflorará en los labios antes de que una lágrima se asome. Ese es quien conocen. Se los prometo, les doy mi palabra, se los prometo, lo sé. Llegará el día. Ese día llegará.

"Estoy seguro de que, si mis antiguos colegas que trabajaron con John, estoy seguro de que hay gente que les dijo no sólo ahora, sino en los últimos diez años, 'explícame a este tipo'. ¿Verdad? Explícame a este tipo. Porque, al mirarle, en cierto sentido le admiraban, en cierto sentido, al cambiar tanto las cosas en Estados Unidos, le miraban como si John viniera de otra época, viviera según un código diferente, un valor antiguo, anticuado, la integridad, el deber, estaban vivos. Era obvio cómo John vivió su vida. La verdad es que el código de John no tenía edad, no tiene edad. Cuando hablabas antes, Grant, hablaste de valores. No se trataba de política con John. Podía discrepar en lo esencial, pero los valores subyacentes que animaban todo lo que John hacía, todo lo que era, llegaban a una conclusión diferente. Se alejaba de ti si te faltaban los valores básicos de decencia, respeto y saber que este proyecto es más grande que tú mismo.

"La historia de John es una historia estadounidense. No es una hipérbole. Es la historia estadounidense, basada en el respeto y la decencia, la justicia básica, la intolerancia al abuso de poder. Muchos de ustedes viajan por el mundo: fíjense cómo nos mira el resto del mundo. Nos miran como un poco ingenuos, tan justos, tan decentes. Nosotros somos los ingenuos estadounidenses. Eso es lo que somos.

Así era John. No soportaba el abuso de poder, dondequiera que lo viera, en cualquier forma, de cualquier manera. Amaba los valores básicos, la justicia, la honradez, la dignidad, el respeto, no dar ningún lugar al odio, no dejar a nadie atrás y comprender que los estadounidenses formábamos parte de algo mucho más grande que nosotros mismos.

"John tenía un conjunto de valores que no eran ni egoístas ni interesados. John comprendía que Estados Unidos era, ante todo, una idea audaz y arriesgada, organizada no en torno a la tribu sino a los ideales. Piensen en cómo abordaba cada tema. Los ideales en torno a los cuales los estadounidenses se ha aglutinado durante 200 años, los ideales del mundo te han preparado. Suena cursi. Sostenemos como evidentes estas verdades: que todos los hombres son creados iguales, dotados por su creador de ciertos derechos. Para John, esas palabras tenían significado, como lo han tenido para todos los grandes patriotas que han servido a este país. A los dos nos encantó el Senado. Los años de mayor orgullo de mi vida fueron como senador de los Estados Unidos. Tuve el honor de ser vicepresidente, pero Senador de los Estados Unidos... Ambos nos lamentamos viendo cómo cambiaba. Durante los largos debates de los años 80 y 90, solía ir a sentarme al lado de John, junto a su escaño, o él venía al lado demócrata y se sentaba a mi lado. No es broma. Nos sentábamos a hablar. Cuando vine a ver a John, estuvimos recordándolo. Era 1996, a punto de ir al caucus. Ambos fuimos a nuestro caucus y, casualmente, nuestros líderes nos abordaron con lo mismo. Joe, no se ve bien que te sientes al lado de John todo el tiempo. Lo juro por D**, lo mismo le dijeron a John en su caucus.

"Fue entonces cuando las cosas empezaron a cambiar a peor en Estados Unidos, en el Senado. Fue entonces cuando cambió. -Lo que ocurría era que, en esos momentos, siempre era apropiado cuestionar el juicio de otro senador, pero nunca sus motivos. Cuando desafías sus motivos, es imposible dejarlo ir. Si digo que vas a hacer esto porque te están pagando o que lo haces porque no eres un buen cristiano, esto o aquello, resulta imposible llegar a un consenso. Piensen en sus vidas personales. Todo lo que hacemos hoy es atacar a las oposiciones de ambos partidos, sus motivos, no la sustancia de sus argumentos. Estamos a mediados de los 90. A partir de ahí todo empezó a ir cuesta abajo. El último día que John estuvo en el Senado, ¿por qué luchaba? Luchaba por restablecer lo que conoce como orden regular, volver a tratarnos de nuevo como solíamos hacerlo.

"El Senado nunca fue perfecto, John, lo sabes. Estuvimos mucho tiempo juntos ahí. Vi a Teddy Kennedy y a James O. Eastland pelear [explicativo] sobre los derechos civiles y luego ir a comer juntos al comedor del Senado. John quería ver el "orden regular" escrito en grande. Conocerse los unos a los otros. A John y a mí nos hizo gracia... y creo que Lindsey estuvo en uno de esos actos en los que John y yo recibimos dos prestigiosos premios el último año que fui vicepresidente y uno inmediatamente después, por la dignidad y el respeto que nos mostramos mutuamente, recibimos un premio al civismo en la vida pública. El Allegheny College concede este premio cada año al bipartidismo. John y yo nos miramos y dijimos: '¿Qué demonios está pasando aquí? No, no es broma. Le dije al Senador Flake, así es como se supone que debe ser. ¿Nos dan un premio? Es en serio. Piensen en esto. Que den un premio por ser cívico. Un premio al bipartidismo. Clásico de John: Allegheny College, cientos de personas, recibió el premio, el Senado estaba en sesión. Habló él primero y, cuando bajó del escenario y yo subí, me dijo: "Joe, no te lo tomes personal, pero no quiero oír que [demonios] tienes que decir", y se marchó.

"Una de las personas más importantes de la campaña de John que está ahora en el senado con el gobernador de Ohio, estaba [en TV] esta mañana y lo vi por casualidad. Dijo que Biden y McCain tenían una extraña relación; siempre parecían cubrirse las espaldas mutuamente. Siempre que tenía problemas, John era el primero en llegar. Espero haber estado ahí para él. Nunca dudamos en aconsejarnos. Me llamaba en plena campaña y me decía: "¿Por qué demonios dijiste eso? Acabas de meter la pata, Joe. Yo lo llamaba de vez en cuando.

"He estado pensando esta semana por qué la muerte de John afectó tanto al país. Sí, fue un senador de larga trayectoria con un historial notable. Sí, fue dos veces candidato presidencial que captó el apoyo y la imaginación del pueblo estadounidense y, sí, John fue un héroe de guerra, demostró un valor extraordinario. Pienso en John y en mi hijo cuando recuerdo las palabras de Ingersoll: "Cuando el deber arroja el guante al destino y el honor desprecia transigir con la muerte, eso es heroísmo". Todo el mundo sabe eso de John. Pero no creo que explique del todo por qué el país se ha conmovido tanto por el fallecimiento de John. Creo que es algo más intangible.

"Creo que es porque sabían que John creía profunda y apasionadamente en el alma de Estados Unidos; hacía fácil tener confianza y fe en Estados Unidos. Su fe en los valores fundamentales de esta nación los hacía sentir más genuinamente como lo que son. ¬¬Su convicción era que nosotros, como país, nunca abandonaríamos el sacrificio que generaciones de estadounidenses han hecho para defender la libertad y la dignidad en todo el mundo. Hizo que los estadounidenses de a pie se sintieran orgullosos de sí mismos y de su país. Su creencia, muy profunda, era que los estadounidenses pueden hacer cualquier cosa, resistir cualquier cosa y conseguir cualquier cosa. Fue incansable y, en última instancia, tranquilizador. Este hombre lo creía firmemente. Su capacidad de que seamos realmente la última esperanza del mundo, un faro para el mundo. Hay principios e ideales más importantes que nosotros mismos por los que merece la pena sacrificarse y, si es necesario, morir. Los estadounidenses vieron cómo vivió su vida de esa manera y supieron la verdad de lo que decía. Creo que dio confianza a los estadounidenses.

"John fue un héroe. Su carácter, coraje, honor, integridad. Creo que se subestima cuando se habla de optimismo. Eso es lo que hacía especial a John, lo que le hizo un gigante entre todos nosotros. En mi opinión, John no creía que el futuro y la fe de Estados Unidos descansaran en los héroes. Solíamos hablar, y él entendía lo que espero que todos recordemos: los héroes no construyeron este país. La gente del común a la que se le da una mínima oportunidad es capaz de hacer cosas extraordinarias, extraordinarias. John sabía que los estadounidenses de a pie comprendían que cada uno de nosotros tiene el deber de defender la integridad, la dignidad y el derecho que todos los niños tienen al nacer. Lo llevaba consigo. Las buenas comunidades se construyen con miles de actos de decencia que los estadounidenses, mientras hablo hoy, se demuestran unos a otros cada día que en lo más profundo del ADN del alma de esta nación yace una llama que se encendió hace más de 200 años. Cada uno de nosotros la lleva consigo y cada uno de nosotros tiene la capacidad, la responsabilidad, y podemos echarle valor para que no se extinga. Hay mil pequeñas cosas que nos hacen diferentes.

"En resumidas cuentas, creo que John creía en nosotros. Creo que creía en el pueblo estadounidense, no sólo en todos los preámbulos. Creía en el pueblo estadounidense, en nuestros 325 millones de habitantes. Aunque John ya no está con nosotros, nos dejó instrucciones claras: "Crean siempre en la promesa y la grandeza de Estados Unidos porque aquí nada es inevitable". Casi lo último que dijo John se lo dijo a toda la nación, pues sabía que estaba a punto de partir. Eso es lo que quería que Estados Unidos entendiera, no para construir su legado; quería que Estados Unidos lo recordara, que lo entendiera. Creo que el legado de John va a seguir inspirando y desafiando a generaciones de líderes a medida que den un paso al frente, pues la América de John McCain no ha terminado. Es una hipérbole. No ha terminado. No está cerca.

"Cindy, John te debía mucho de lo que era. Eras su balasto. Cuando estaba con los dos, podía ver cómo te miraba. Jill es la indicada. Cuando estuvimos en Hawái, te conocimos allí y no dejaba de mirarte. Jill dijo: "Ve y háblale". Doug, Andy, Sídney, Meghan, Jack, Jimmy, Bridget, puede que no hayan tenido a su padre todo el tiempo que hubieran querido, pero han recibido de él todo lo que necesitan para perseguir sus propios sueños. Seguir el camino de su propio espíritu. Son un legado vivo, no una hipérbole. Son legado vivo y la prueba del éxito de John McCain.

"Ahora John va a ocupar el lugar que le corresponde en una larga lista de extraordinarios líderes de la historia de esta nación, que en su tiempo y a su manera defendieron la libertad y han hecho de la historia estadounidense la más improbable, esperanzadora y perdurable de la tierra". Sé que John dijo que esperaba haber jugado un pequeño papel en esa historia. John, hiciste mucho más que eso, amigo mío. Parafraseando a Shakespeare: "No volveremos a ver a alguien como él"

DECLARACIÓN DE DESPEDIDA DEL SENADOR JOHN McCAIN

Lunes, 27 de agosto de 2018

Phoenix, Arizona - Rick Davis, ex director de la campaña presidencial del senador John McCain y portavoz de la familia, leyó hoy la siguiente declaración de despedida del senador McCain en una conferencia de prensa en el Capitolio del Estado de Arizona en Phoenix, Arizona:

"Compatriotas, a quienes he servido con gratitud durante sesenta años, y especialmente a mis compatriotas de Arizona.

"Gracias por el privilegio de servirles y por la gratificante vida que el servicio en uniforme y en cargos públicos me ha permitido llevar. He intentado servir a nuestro país con honor. He cometido errores, pero espero que mi amor por Estados Unidos se sopese a favor contra esos errores.

"A menudo he notado que soy la persona más afortunada de la Tierra. Me siento así incluso ahora que me preparo para el final de mi vida. He amado mi vida, todo de ella. He tenido experiencias, aventuras y amistades suficientes para diez vidas satisfactorias, y estoy muy agradecido. Como la mayoría de la gente, tengo remordimientos. Pero no cambiaría ni un día de mi vida, con los buenos o malos momentos, por el mejor día de cualquier otra persona.

"Debo esa satisfacción al amor de mi familia. Ningún hombre ha tenido una esposa o unos hijos de los que se sintiera más orgulloso que yo de los míos, y se lo debo a Estados Unidos. Estar vinculado a las causas de Estados Unidos - libertad, justicia igualitaria, respeto por la dignidad de todas las personas - aporta una felicidad más sublime que los placeres efímeros de la vida. Nuestra identidad y nuestro sentido del valor no se limitan, sino que se amplían sirviendo a causas más grandes que nosotros mismos.

"'Compatriotas americanos', esa asociación ha significado para mí más que ninguna otra. Viví y morí como un orgulloso estadounidense. Somos ciudadanos de la república más grandiosa del mundo, una nación de ideales, no de sangre y tierra. Nos sentimos bendecidos y somos una bendición para la humanidad cuando defendemos y promovemos esos ideales en nuestro país y en el mundo. Hemos ayudado a liberar a más personas de la tiranía y la pobreza que nunca en la historia. Hemos adquirido gran riqueza y poder en el proceso.

"Debilitamos nuestra grandeza cuando confundimos nuestro patriotismo con rivalidades tribales que han sembrado resentimiento, odio y violencia en todos los rincones del planeta. Lo debilitamos cuando nos escondemos detrás de muros, en lugar de derribarlos, cuando dudamos del poder de nuestros ideales, en lugar de confiar en que sean la gran fuerza de cambio que siempre han sido.

"Somos trescientos veinticinco millones de individuos obstinados y vociferantes. Discutimos, competimos y, a veces, incluso nos vilipendiamos mutuamente en nuestros estridentes debates públicos. Pero siempre hemos tenido mucho más en común que diferencias. Si lo recordamos y nos damos el beneficio de la presunción de que todos amamos a nuestro país, superaremos estos tiempos difíciles, saldremos adelante más fuertes que antes, siempre lo conseguimos.

"Hace diez años tuve el privilegio de reconocer mi derrota en las elecciones presidenciales. Quiero terminar mi despedida con la fe sincera de los estadounidenses, que sentí tan poderosamente aquella tarde.

"Todavía siento su poderío.

No desesperen de cara a nuestras actuales dificultades, crean siempre en la promesa y la grandeza de Estados Unidos porque aquí nada es inevitable. Los estadounidenses nunca se rinden. Nunca nos damos por vencidos. Nunca nos escondemos de la historia, hacemos historia

"Adiós, compatriotas. Dios los bendiga y Dios bendiga a Estados Unidos".

Notas finales

1   2022 Edelman Trust Barometer. 24 Jan. 2022, https://www. edel-man.com/trust/2022-trust-barometer.

2   Carlson, John. El discurso de investidura de Biden hizo un llamamiento a los estadounidenses a Abrazar La Religión Civil. ¿Eso qué significa?, 20 de enero de 2021, https://www.nbcnews.com/think/opinion/biden-s-inaugural-speech-called-ameri-cans-embrace-civil-religion- what-ncna1255084.

3   Friedman, Megan. Joe Biden pronunció un discurso increíble-mente poderoso en el memorial de John McCain. 30 ago. 2018, https:// www.townandcountrymag.com/society/politics/a22877209/ joe-biden-eulogy-john-mccain-memorial-full-transcript/.

4   Lee Rainie, S. K. A. A. P. (2019, 22 de julio). Confianza y des-confianza en Estados Unidos. Pew Research Center - Política estadounidense. Obtenido el 13 de julio de 2022, del sitio Web: https://www.pewresearch.org/ politics/2019/07/22/trust-and-distrust-in-america/

5   Affordable Care Act (ACA) - Glosario | HealthCare.gov, https:// www.healthcare.gov/glossary/affordable-care-act/.

6   Confianza del Público en el Gobierno 1958-2021, https://www. pewresearch.org/politics/2022/06/06/public-trust-in-government-1958-2022/.

7   Blake, Aaron y Eugene Scott. Discurso de investidura de Joe Biden, anotado. 20 ene. 2021, https://www.washingtonpost. com/ politics/interactive/2021/01/20/biden-inauguration-speech/.

8   Encuesta Reuters/Ipsos: Los 100 primeros días de Biden. https:// www.ipsos.com/sites/default/files/ct/news/documents/2021-05/ Reuters%20Ipsos%20Large%20Issue%20Poll%20%232%20 Topline%20%20Write-up%20-%20Biden%20100%20 Days%20 -%2012%20April%20thru%2016%20April%20 2021.pdf.

9   McNamara, Audrey. Romney: McConnell Dijo que el Conteo de Votos Será "el Voto Más Influyente", 2 de enero de 2021, https:// www.cbsnews.com/news/mitch-mcconnell-electoral-college-vote-most-consequential-mitt-romney/

10 RMPBS PRESENTA...Divididos caemos: Unidad sin tragedia, 30 abr. 2020, https://video.rmpbs.org/video/divid-ed-we-fall-unity-without-tragedy-8pxtqc/.

11 Florida, Richard. Cómo la "Gran Clasificación" está Conduciendo la Polarización Política, 25 de octubre de 2016, https://www.bloomberg.com/news/ articles/2016-10-25/ how-the-big-sort-is-driving-political-polarization.

12 Encuesta Battleground. Nueva Encuesta: Los Votantes Consideran que la División Política es el Principal Problema del País. 15 de junio de 2021, https://politics. georgetown.edu/2021/06/15/ new-poll-georgetown-institute- of-politics-and-public-service-re-leases-june-2021- battleground-poll/.

13 Echando Leña al Fuego: Cómo los MEdios Intensifican la Polarización Política en EE.UU. y que se Puede Hacer al Respecto, 13 de septiembre.

2021, https://www.stern.nyu.edu/experience-stern/faculty- research/ fueling-fire-how-social-media-intensifies-u-s- political- polarization-and-what-can-be-done-about-it.

14 Solender, Andrew. Marjorie Taylor Greene recauda 3,2 millones de dólares en los tres primeros meses de 2021, 7 abr. 2021, https:// www.forbes.com/sites/andrewsolender/2021/04/07/marjorie- taylor-greene-raises-32-million-in-first-three-months-of- 2021/?sh=75b7a1eb3d32.¬

15 Slisco, Aila. Grotesco, peligroso': AOC, Omar Lead Dems in Slamming Paul Gosar Over Violent Anime Video. 8 nov. 2021, https://www.newsweek.com/grotesque-dangerous-aocomar- lead-dems-slamming-paul-gosar-over-violent-animevideo- 1647231.

16 Lungariello, Mark. El Rep. Paul Gosar redobla su ataque contra AOC y Biden. 9 Nov. 2021, https://nypost. com/2021/11/09/rep- paul-gosar-doubles-down-on-aoc-biden- attack-video/.

17 Fulwood, Sam.Waters califica a Bush de 'racista' y apoya a Clinton. 9 de julio de 1992, https://www.latimes.com/archives/ la-xpm-1992-07-09-mn-2366-story.html.

18 Phillips, John. La principal atormentadora de Trump, Maxine Waters, alegó una vez que la CIA vertía drogas en las ciu- dades de Estados Unidos. 1 Aug. 2018, https://www.ocregister. com/2018/08/01/chief-trump- tormenter-maxine-waters-once- alleged-the-cia-dumped-drugs- into-americas-cities/.

19 Ehrlich, Jamie. Maxine Waters anima a sus seguidores a acosar a funcionarios de la Administración Trump. 25 de junio de 2018, https://www.cnn.com/2018/06/25/politics/maxine-waters-trump- officials/index.html.

20 Allen, Jonathan. Grayson: EL Partido Republicano Quiere que "'Mueras'". 29 de septiembre de 2009, https://www.politico. com/story/2009/09/grayson- gop-wants-you-to-die-027726.

21 Schelenz, Robyn. Por qué funciona la campaña negativa y cómo combatirla. 12 de septiembre de 2019, https://www.university ofcalifornia.edu/news/why-negative-campaigning-works-and-how-fight-it#:~:text=Ledgerwood%20and%20her%20 colleagues%20have,still%20think%20it's%20a%20bust.

22 ADAMS, SAMUEL - Sermones y estudios bíblicos, Biblia. obra, https://www.biblia.work/sermons/adamssamuel/.

23 Cillizza, Chris. La Solución - ¿El Mejor Anuncio (positivo) de Campaña del Ciclo?, 23 de agosto de 2010, http://voices.washing tonpost.com/thefix/governors/the-best-positive-campaign-ad.html.

24 Las Reglas del Camino de Pete, la Democracia en Acción, 2020, https://www.democracyinaction.us/2020/buttigieg/buttigiegrules. html.

25 Berg, Joel. Todo Lo Que Puedas Comer: ¿Cuánta Hambre Hay En Estados Unidos? Seven Stories Press, 2008.

26 Algeo, Matthew. Todo Ese Maravilloso Potencial: La Gira de Robert Kennedy por Appalachia de 1968¬ Chicago Review Press, 2020.

27 Retórica Americana: Robert F. Kennedy - Discurso del Día del Derecho en la Facultad de Derecho de la Universidad de Georgia, https://www.americanrhetoric.com/speeches/rfkgeorgialaw school.htm.

28 Conant, Ed. Los Miembros Del Congreso Por Fin Hacen Lo Que Se Supone Que Deben Hacer. 4 ago. 2013, https://www.nolabels. org/members-of-congress-finally-doing-what-theyre-supposed-to-do/.

29 Gottheimer, Josh, y Tom Reed. Dejemos de Pelear y Arregle-mos el Sistema de Salud, 4 ago. 2017, https://www.nytimes. com/2017/08/04/opinion/bipartisan-health-care- reform.html

30 Russakoff, Dale. 1997 Ley para Acelerar la Adopción. 18 de enero de 1998, https://www.washingtonpost.com/wp-srv/ national/daily/april99/fosterlaw011898.htm.¬

31 Weisman , Jonathan, y Jennifer Steinhauer. Las Mujeres del Senado Lideran el Esfuerzo por Encontrar un Acuerdo. 14 oct. 2013, https://www.nytimes.com/2013/10/15/us/senate-women-lead-in-effort-to- find-accord.html.

32 Rosenthal, Jack. Voces Etnicas con Enojo Gritan "Racista y Zoquete". 17 de junio de 1970, https://www.nytimes.com/1970/06/17/archives/angry-ethnic-voices-decry-a-racist-and-dullard- image.html.

33 Weisman , Jonathan, y Jennifer Steinhauer. Las Mujeres del Senado Lideran el Esfuerzo por Encontrar un Acuerdo. 14 oct. 2013, https://www.nytimes.com/2013/10/15/us/senate-women-lead-in-effort-to- find-accord.html.

34 América en una habitación. 19 Sept. 2019, https://cdd.stanford.edu/2019/america-in-one-room/.

35 Quinto, Richard, y Carter Dougherty. Nueva Encuesta Bipartidista Muestra Fuerte Apoyo Hacia la Condonación de los Prestamos Estudiantiles Durante la Pandeia del COVID-19. 12 de mayo de 2020, https://www.responsiblelending.org/media/new-bipartisan-poll- shows-strong-support-student-loan-debt-cancellation-during- covid-19.¬

36 Hern, Alex. Tim Berners-Lee en los 30 años de la World Wide Web: ''Podemos conseguir la Web que queremos''. 12 mar. 2019, https://www.theguardian.com/technology/2019/mar/12/tim-berners- lee-on-30-years-of-the-web-if-we-dream-a-little-we-can-get- the-web-we-want.

37 Amiri, Farnoush. La World Wide Web cumple 30 años y su inventor nos hace una advertencia. 12 mar. 2019, https://www.nbcnews.com/tech/tech-news/world-wide-web-30-its-inventor-has-warning-us-n982156.

38 Hern, Alex. Tim Berners-Lee en los 30 años de la World Wide Web: ''Podemos conseguir la Web que queremos''. 12 mar.

2019, https://www.theguardian.com/technology/2019/mar/12/
tim-berners- lee-on-30-years-of-the-web-if-we-dream-a-little-
we-can-get- the-web-we-want.

39 "America Unida": En Búsqueda de Terreno Común | Biblioteca
JFK. https://www.jfklibrary.org/events-and-awards/forums/05-
04-america-united.

40 Horowitz, Jeff, y Deepa Seetharaman. Ejecutivos de Facebook
cancelan esfuerzos para hacer el sitio menos divisivo. 26 de
mayo de 2020, https://www.wsj.com/articles/facebook-knows-it-
fomenta-division-top-executives-nixed- solutions-11590507499.

41 47 Código de EE.UU, Artículo 230 - Protección para el Bloqueo
y Evaluación de Material Ofensivo.https://www.law.cornell.edu/
uscode/text/47/230.

42 Chuck Grassley: Los Gigantes Técnologicos Deben Parar de
Censurar a los Estadounidenses, 12 de abril de 2021, https://
iowatorch.com/2021/04/12/chuck- grassley-big-tech-must-stop-
censoring-americans/.

43 Allyn, Bobby. Lo que el Fallo de la Demanda Epic Games V.
Apple Significa para iPhone, 10 de septiembre de 2021, https://
www.npr.org/2021/09/10/1036043886/apple-fortnite-epic-
games- ruling-explained.

44 Chuck Grassley: Los Gigantes Técnologicos Deben Parar de
Censurar a los Estadounidenses, 12 de abril de 2021, https://
iowatorch.com/2021/04/12/chuck- grassley-big-tech-must-stop-
censoring-americans/.

45 Cita de Walter Cronkite: Nuestro Trabajo es Solamente
Sostener el Espejo..., AZ Quotes, https://www.azquotes.com/
quote/1057306.

46 Berry, Jeffrey M, y Sarah Sobieraj. La Industria de la Indignación: Medio de Opinión Política y la Nueva Falta de Civismo.
1ª ed., Oxford University Press, 2014.¬

47 Molyneux, Logan, y Mark Coddington. Agregación, cebo de clic y su efecto en las percepciones de credibilidad y calidad periodística, 16 de junio de 2019, https://scholarshare.temple.edu/handle/20.500.12613/393.¬

48 Página de inicio. Centro para Involucramiento de los Medios. (2022, April 27). https://mediaengagement.org/

49 Hawkins, Stephen, et al. Tribus ocultas: Un Estudio del Polarizado Panorama de Estados Unidos¬ Oct. 2018, https://hidden tribes.us/media/qfpekz4g/hidden_tribes_report.pdf.

50 Por Qué Stephen Fry Argumenta Contra La Corrección Política, con Jordan Peterson, 17 de mayo de 2018, https://www.cbc.ca/news/canada/toronto/stephen-fry-political-correctness-1.4662626.

51 Lee, Chisun, et al. Gasto secreto en los Estados. 26 de junio de 2016, https://www.brennancenter.org/our-work/research- reports/secret-spending-states.

52 Citizens United contra Federal Election Comm'n. Facultad de Derecho de Cornell, 21 de enero de 2010, https://www.law.cornell.edu/supct/html/08-205.ZO.html.

53 Evers-Hillstrom, Karl. Más dinero, menos transparencia: A Decade under Citizens United. 14 de enero de 2020, https://www.opensecrets.org/news/reports/a-decade-under-citizens-united.

54 Las más caras de la historia: las elecciones de 2020 costaron 14.400 millones de dólares. Open Secrets News. (2021, 11 de febrero).¬ Obtenido el 13 de julio de 2022, del sitio Web: https://www.opensecrets.org/news/2021/02/2020-cycle- cost-14p4-billion-doubling-16/

55 Financiación pública de las campañas: Panorama general. Conferencia Nacional de las Legislaciones Estatales, 8 feb. 2019,

https://www.ncsl.org/research/elections-and-campaigns/public-financing-of- campaigns-overview.aspx.¬

56 La Ley de los Anuncios Honestos - Mark R. Warner, mayo de 2019, https://www.warner.senate.gov/public/index.cfm/the-honest-ads-act.

57 Rothwell, Jonathan, y Christos Makridis. La Política Está Acabando con la Respuesta de Estados Unidos a la Pandemia. 17 de septiembre de 2020, https://www.brookings.edu/blog/up-front/2020/09/17/politics-is-wrecking-americas-pandemic-response/.¬

58 Clinton Colmenares, Director de Noticias y Estrategia de Medios. ¿Por qué el Covid se ha Vuelto un Tema Político?, 9 de septiembre de 2021, https://news.furman.edu/2021/09/09/ why-has-covid-and-the-response-to-covid-become-so-political/.

59 Lopez, German. Como la Polarización Acabó con la Campaña de Vacunación en Estados Unidos. 6 de julio de 2021, https://www.vox.com/2021/7/6/22554198/political-polarization-vaccine-covid-19-coronavirus.¬

60 Parte de un mensaje del oficial de la marina estadounidense Oliver Hazard Perry en 1813 tras derrotar y capturar barcos de la Royal Navy en la batalla del lago Erie.

61 Spetalnick, M. (2008, 13 de octubre). La ira republicana bulle en el mitin de McCain. Reuters, de https://www.reuters.com/ article/sppage014-n10414512-oistl/republican-anger-bubbles- up-at-mc-cain-rally-idUSN1041451220081013

62 Pramuk, Jacob. John McCain, en mensaje final antes de morir, dice 'No desesperemos por nuestras dificultades actuales' . 27 ago. 2018, https://www.cnbc.com/2018/08/27/john-mccain-in-fi- nal-message-before-death-says-do-not-despair-of-our-present-difficulties.html.

Edición electrónica gratuita disponible con la compra de este libro

Instrucciones para reclamar tu edición gratuita de en formato electrónico:

1. Visita MorganJamesBOGO.com
2. Escribe CLARAMENTE tu nombre en el espacio
3. Diligencia el formulario y envía una foto completa de la página de derechos de autor
4. Tú o un amigo podrán descargar el libro electrónico en su dispositivo preferido

Morgan James BOGO™

Habrá una edición electrónica **GRATUITA** para usted o un amigo con la compra del libro impreso

FIRME CLARAMENTE CON SU NOMBRE ARRIBA

Instrucciones para reclamar tu edición gratuita de en formato electrónico::
1. Visita MorganJamesBOGO.com
2. Escribe tu nombre CLARAMENTE en el espacio de arriba.
3. Diligencia el formulario y envía una foto de esta página completa.
4. Tú o un amigo pueden descargar el libro electrónico en su dispositivo preferido.

Print & Digital Together Forever.

Snap a photo

Free ebook

Read anywhere